Philipp Waldmann

Biographische Nachrichten von den Rechtslehrern der hohen Schule zu Mainz

Philipp Waldmann

Biographische Nachrichten von den Rechtslehrern der hohen Schule zu Mainz

ISBN/EAN: 9783743370760

Hergestellt in Europa, USA, Kanada, Australien, Japan

Cover: Foto ©ninafisch / pixelio.de

Manufactured and distributed by brebook publishing software
(www.brebook.com)

Philipp Waldmann

Biographische Nachrichten von den Rechtslehrern der hohen Schule zu Mainz

BIOGRAPHISCHE NACHRICHTEN VON DEN RECHTSLEHRERN AUF DER HOHEN...

Philipp Waldmann

Vorrede.

Es wird mich wohl so leicht Niemand, der sich nur ein wenig um unser katholisches gelehrtes Deutschland bekümmert hat, fragen, warum ich biographische Nachrichten von mainzer Rechtslehrern liefere. — Lippens und Schotts Lücken in der Litteratur; Eckards, Holzschubers, Jöchers, Juglers, Mosers, Weidlichs und Anderer Mängel und Unrichtigkeiten in ihren Biographien; der Verfasser der allgemeinen juristischen Bibliothek, und Goekings Anfragen um Lebensumstände besonders in Rücksicht auf meine Landesleute; warme Vaterlandsliebe, und Verehrung für so ehrwürdige Stützen unserer hohen Schule reizeten mich zu einer so mühsamen und verdrießlichen Arbeit, als das Sammeln solcher Nachrichten ist, mich zu entschließen. Ich habe mich dabei wegen

Enge der Zeit, und weil die Beschwerlichkeit des Aufsuchens nach dem steigenden Verhältnisse des Alterthumes zunimmt, auf dieses Jahrhundert einschränken müßen. Vielleicht wird mir beßere Muße noch erlauben, mit der Zeit auch deren Vorgänger der Nachwelt bekannter zu machen. Meinen Nachrichten wird destomehr zu trauen seyn, als ich der Quelle selbst nahe war, aus deren entfernten Bächen nur Andere oft trübes und vermischtes Waßer geschöpfet haben. — Da sich diese selbst widerlegen: so habe ich für überflüßig gehalten, derselben Unrichtigkeiten insbesondere zu rügen. — Das Trockene und Einförmige in meinen Beschreibungen hätte ich vermeiden können, wenn ich Lobreden geschrieben, oder sonst zum Zwecke nicht gehörige Umstände, die doch ins Ganze verflochten waren, eingeschaltet hätte. — Allein allerhand Ursachen bestimmten mich die Wahrheit so ganz ohne allen Schmuck zu sagen, wie sie ist. Mainz den 3. Oktober 1784.

Franz

Franz Mütger von Haren. Beider Rechten Doktor, erzbischöflich. m. geistlicher Rath, öffentlicher Lehrer des kanonischen Rechts, des Kollegiatstifts zum H. Peter in Mainz Kapitelsherr, der mainzischen hohen Schule Kanzler, auch apostolischer Protonotar, und kaiserlicher Hofpfalzgraf, ward zu Berau in den Niederlanden geboren, in welchem Jahre aber ist unbekannt. So viel ist gewiß, daß er schon im J. 1676 den 2. Jänner den Besitz seiner Chorherrenpfründe erhalten. Den 1. April 1680. erhielt er die Lizentiatwürde; ward hierauf nach Ablegung des Hofraths und Stadtschultheißen Benzel den 16. August 1680 ordentlicher Lehrer der Rechte, und hielt über das geistliche und Lehnrecht, und über die Anfangsgründe des bürgerlichen Rechts Vorlesungen, wie auch zur bessern Uibung seiner Zuhörer monatliche Streitübungen. Starb 1724. den 14. Oktober.

Das Verzeichniß der unter seinem Vorsitze herausgekommenen Schriften, ist folgendes:

1) *Diss.* de foro competente. *Moguntiae* 1702.
2) *Diss.* de tutelis. *ibid.* 1704.
3) *Diss.* de usu possessionis et proprietatis. *ibid.* 1705.

4) *Diſſ.* de uſufructu. *ibid.* 1707. Dieſe Schrift hat Lippen dem Kurtius, welcher ſie vertheidigte, zugeſchrieben.
5) *Diſſ.* de judice male judicante. *ibid.* 1707.
6) *Diſſ* de rebus eccleſiae alienandis vel non, et de pericul. et commod. rei vendit. *ibid.* 1709.
7) *Diſſ.* de ſententia *ibid.* 1710.
8) *Diſſ.* de ſucceſſione ab inteſtato. *ibid.* 1711.
9) Materia promiſcua ex toto utroque jure.*ibid.* 1711.
10) *Diſſ.* de peculio togatae militiae vel quaſi caſtrenſi. *ibid.* 1711.
11) *Diſſ.* de fidejuſſoribus. *ibid.* 1713.
12) *Diſſ.* de executione rei judicatae. *ibid.* 1715.
13) *Diſſ.* de praejudicio tacentis. *ibid.* 1715.
14) *Diſſ.* de cambiis. *ibid.* 1716.
15) *Diſſ.* de bancoruptoribus. *ibid.* 1718.
16) *Diſſ.* de teſtamentis. *ibid.* 1718.
17) *Diſſ* de interventione. *ibid.* 1719.
18) *Diſſ.* de mora. *ibid.* 1719.
19) Quaeſtiones inaugurales juridicae juris blvil. *ibid.* 1720.
20) *Diſſ.* de remedio L. 2. cod. de reſcind. vendit. *ibid.* 1720.
21) *Diſſ.* de continentia cauſarum. *ibid.*1720.
22) *Diſſ.* de delictis. *ibid.* 1722.
23) *Diſſ.* de libello. *ibid.* 1722.

Georg Ferdinand Honkamp, B. R. Dr. und ordentlicher Lehrer der Rechte, ward im J. 1657 im Trieriſchen geboren. Den 30. Jun. 1690 nam er zu Mainz die Würde eines Lizentiaten, und am 2. May 1697 eines Doktors an. Den 30. Jun.

Jun. 1695 erhielt er die vom Hof= und Revisions= rathe Dr. Wolf Ernst Heidel abgelegte ordentliche Profeſſur der Pandekten, und verwaltete vom J. 1711 bis 12 das Rektorat mit vielem Ruhme. Starb im J. 1718 den 21. Oktob.

Unter seinem Vorsitze sind folgende Schriften herausgekommen.

1) *Diſſ.* de privilegiis et pignoribus. *Moguntiae* 1702.
2) *Diſſ.* de officio judicis. *ibid.* 1705.
3) *Diſſ.* de fidejuſſoribus. *ibid.* 1707.
4) *Diſſ.* de interdictis et extraordinariis actionibus. *ibid.* 1708.
5) *Diſſ.* de materia teſtamentaria. *ibid.* 1709.
6) *Diſſ.* de jurisdictione. *ibid.* 1710.
7) *Diſſ.* de mutuo et uſuris. *ibid.* 1711.
8) *Diſſ.* de rebus creditis. *ibid.* 1711.
9) *Diſſ.* de effectibus amoris jurid. *ibid.* 1711.
10) *Diſſ.* de ultimis voluntatibus in genere et in specie. *ibid* 1711.
11) *Diſſ.* de dispensationibus et privilegiis. *ibid.* 1713.
12) *Diſſ.* de obligationibus et actionibus. *ibid.* 1715.
13) *Diſſ.* de teſtamento ad pias cauſas. *ibid.* 1716.
14) *Diſſ.* de clauſula codicillari. *ibid.* 1717.
15) *Diſſ.* de jure protimiſeos. *ibid.* 1717.
16) *Diſſ.* de obligationibus in genere et in specie. *ibid.* 1717.
17) *Diſſ* de ultimis voluntatibus in genere. *ibid.* 1717.
18) *Diſſ.* de senatusconſultis. *ibid.* 1718.
19) Reipublicae lex, seu tractatus ex fontibus juris canonici, publici et civilis desumptus cum annexis problematibus et curioſis quibusdam quaeſtionibus juridicis. *ibid.* 1718.
20) *Diſſ.* de legibus. *ibid.* 1718.

Anſelm Franz Lieb, Beider Rechten Li=
zentiat, k. m. Hofrath, ordentlicher Lehrer der Rechte,
auch geweſener zweiter Subdelegat bei der vorletzten
Kammergerichtsviſitation zu Wetzlar, ward im Jahr
1670 den 4. März zu Großoſtheim im Bachgau Vi=
jedomamtes Aſchaffenburg geboren, woſelbſt ſein Va=
ter Jeremias Lieb Obervogt der Zent Bachgau
geweſen. Die Schulſtudien und Philoſophie lernte er
zu Aſchaffenburg, und die iuridiſchen Wiſſenſchaften
zu Prag, den 20. Auguſt 1697 ward er zu Mainz B.
R. Lizentiat; den 29. Dezembr. 1698 kam er an die
Stelle des Lizentiaten und Profeſſors Moll als or=
dentlicher Lehrer der Rechte, und den 17. Dezembr. 1705.
ward er k. m. wirklicher Hofrath. Im J. 1707. gieng
er als kurmainz. zweiter Subdelegat zur Viſitation
des K. K. K. Gerichts nach Wetzlar, woſelbſt er auch
verblieben, bis im J. 1713. der Viſitationsrezeß ge=
ſchloſſen wurde. Starb zu Mainz im J. 1722.

Von ſeinen Schriften iſt uns nichts bekannt.

Gottfried Chriſtian Lieb, Beider Rech=
ten Lizentiat, ordentlicher Lehrer der Rechte, k. m.
Hof= und Reviſions oder Oberappellationsgerichtsrath.
Dieſer Rechtsgelehrte, ein Bruder des vorigen, ward
geboren zu Großoſtheim den 28. Oktober 1675, ſtu=
dirte die unteren Schulen und Philoſophie zu Aſchaf=
fenburg, die Rechtsgelehrtheit zu Prag und Salzburg,
und ward zu Mainz den 9. Septembr. 1705 Lizen=
tiat, worauf er den 17. Dezembr. des nämlichen Jahrs
die Profeſſur ſeines Bruders erhielt; etliche Jahre her=
nach ward er zum k. m. Titularhof= und dann zum
wirk=

wirklichen Revisionsrathe ernannt. Starb zu Mainz im Jahr 1745.

Von seinen Schriften ist uns nur die Streitschrift de jurisdictione. *Moguntiae* 1705, wodurch er Lizentiat wurde, bekannt.

Georg Joseph Wagner.

Beider Rechten Doktor, k. m. Hofgerichtsrath und ordentlicher Lehrer der Rechte, auch der unmittelbaren oberrheinischen Reichsritterschaft Sindikus. Dieser große Rechtsgelehrte ist zu Heiligenstadt im Eichsfelde den 9. Jänner 1684 geboren. Sein Vater war anfänglich Geheimschreiber bei dem Oberlandgerichte zu Heiligenstadt; hernach Amtsvogt auf dem Amte Rüstenberg ohnweit Heiligenstadt. Seine Familie stammt eigentlich von Stadtworbis her. Er studirte zu Erfurt, wo er sich den gradum Licentiae 1706 ertheilen ließ. Darauf gieng er nach Mainz und nam die Doktorwürde; ward 1707 den 16. August daselbst statt des längst vorhin abgegangenen Hof- und geistlichen Gerichtsassessors Dr. Raymund Peez als Professor der bürgerl. Rechte angestellt. Ungefähr um das Jahr 1709 bekam er das Sindikat bei der unmittelbaren oberrheinischen Reichsritterschaft, und 1718 ward er k. m. Hofgerichtsrath, welche Stelle er aber niederlegte, da er im J. 1729 als Kanzler nach Fuld berufen worden, woselbst er sich durch Verwaltung seines Amtes, und durch Verbesserung des Schulwesens sehr vielen Ruhm erworben hat. Er starb endlich im J. 1752. — Von seinen Schriften sind uns folgende bekannt.

1) *Diff.* de quatuor quartis. *Erfordiae.* 1706. womit er B. R. sientint warb.
2) *Diff.* de postulatione praelatorum et substitutionibus. *Moguntiae.* 1709.
3) *Diff.* de laudo. *Francofurti.* 1710.
4) *Diff.* de rebus ecclesiae non alienandis. *Moguntiae.* 1711.
5) Materia promiscua ex utroque jure. *ibid.* 1711.
6) *Diff.* de pactis. *ibid.* 1712.
7) *Diff.* de jure activo et passivo. *ibid.* 1713.
8) *Diff.* de lottoriae natura et proprietatibus. *ibid.* 1714.
9) *Diff.* de immunitate ecclesiastica et actione exercitoria et institoria. *ibid.* 1714.
10) *Diff.* de transmissione haereditatis. *ibid.* 1715.
11) *Diff.* de usucapionibus et praescriptionibus. *ibid.* 1717.
12) *Diff.* de evictionibus. *ibid.* 1717.
13) *Diff.* de capitulis collegiatis, eorumque privilegiis. *ibid.* 1718.
14) *Diff.* de condominio territorii. *ibid.* 1719.
15) *Diff.* de mutuo nexu et obligatione inter regentes et subditos. *ibid.* 1720.
16) *Diff* de juramento in litem. *ibid.* 1720.
17) *Diff.* de jure posthumi ex utero exsecti. *ibid.* 1720.
18) *Diff.* de renunciationibus in genere. *ibid.* 1721.
19) *Diff* de jure asyli. *ibid.* 1722.
20) *Diff.* de jurisdictione. *ibid.* 1723.
21) Inventarium generis specificum *ad L.*2. *Tit.*19, §. *extraneis* 5. *Instit. de haered. qualit. et diff. ibid* 1726.
22) *Diff.* de contumacia. *ibid.* 1729.

Fer=

Ferdinand Heinrich von Dünewald,

der Weltweißheit und B. R. Doktor, ordentlicher Lehrer der Rechte, k. m. Hof- und Regierungs- auch Revisionsrath, Beisitzer der Juristenfakultät, ist geboren zu Mainz im J. 1688, wo sein Vater Heilarzt gewesen. Die Schulen und Philosophie endigte er in seiner Vaterstadt, die juridischen Kollegien zu Prag. Den 1. Jun. 1711 ward er ausserordentlicher Lehrer der Rechte, und erhielt im J. 1718 nach dem Tode des Professors Hontamp die ordentliche Professur; ward auch zugleich Beisitzer der Juristenfakultät. Diese Stelle legte er aber nieder, als er im J. 1747 den 12. Jul. vom baierischen Kreise als Beisitzer des kais. Reichskammergerichts präsentiret wurde. Er starb zu Wetzlar den 27 Jul. 1763 im 75ten Jahre seines ruhmvollen Alters.

Unter seine Schriften gehören folgende:

1) *Diss.* de adquaestu conjugali — von denen in währender Ehe von rauher Wurzel erworbenen und gewonnenen Gütern. *Moguntiae.* 1707.
2) *Diss.* de ultimis voluntatibus. *ibid* 1711.
3) *Diss.* de alimentis liberorum, parentum, fratrum et sororum. *ibid* 1716.
4) Eine Deduktion unter folgendem Titul:
   An die Röm. Kaiserl. auch zu Hispanien, Hungarn und Böhmen Königl. Majestät. allerunterthänigste exceptiones non competentis actionis, sed litis dudum per transactionem sopitae, juncta reconventione an anmaßlichen Klagsachen deren sämtlichen Grafen zu Stollberg contra Se, Kurfürstl. Durchlaucht zu Mainz.

Joh.

Joh. Valentin Strauß, Beider Rechten Doktor, ordentlicher Lehrer des Staatsrechts und des Kodex, auch Beisitzer der Juristenfakultät, ist geboren zu Heiligenstadt, wo er auch die unteren Schulstudien getrieben. Philosophie und Rechtswissenschaft lernte er zu Erfurt und zu Mainz; ließ sich auch am letzten Orte den 22. Jänner 1709 die Lizentiaten und bald darauf die Doktorwürde ertheilen. Den 11. Oktobr. 1718 wurde er außerordentlicher Lehrer der Rechte, bis er den 20. April 1719 nach Abgang des Professors Gries, der als Edelknabenhofmeister eine Anwartschaft auf einen ordentlichen Lehrstuhl hatte, selbigen aber bei ergebenem Falle nicht annam, in die Ordnung eintrat; und als im J. 1726 den 3. August der Professor Wagner in den kurf. m. Hofrath gezogen wurde, ward er auch als Beisitzer der Juristenfakultät angenommen. Mehrere biographische Nachrichten konnten wir von diesem würdigen Rechtsgelehrten nicht erhalten. Hingegen kennen wir von ihm folgende Schriften:

1) *Diss.* de appellationibus, ejusque effectibus, aliisque affinibus eo pertinentibus. *Moguntiae.* 1728.
2) *Diss.* de obligatione parentum ex delictis liberorum. *ibid.* 1729.
3) *Diss.* de concursu creditorum, eorumque privilegiis. *ibid.* 1729.
4) *Diss.* de nonnullis specialibus injuriarum. *ibid.* 1729.
5) Themata ex omnigeno jure depromta. *ibid.* 1730.
6) *Diss.* de majestatico dominii eminentis jure. *ibid.* 1730. Hievon ist der berühmte Freiherr von Ickstatt der wahre Verfasser.
7) *Diss.* de modo testandi minus solenni inter clericos. *ibid.* 1731.

8)

8) *Diff.* de jure fidei in promiffione. *ibid.* 1731.
9) Quaeftiones ex univerfo jure defumptae. *ibid.* 1732.
10) *Diff.* de folutiohe debitorem non liberante, aut contra. *ibid.* 1732.
11) *Diff.* de origine et privilegiis praecipuis nobilitatis immediatae germanicae. *ibid.* 1732.
12) *Diff.* de polleffione retinenda, recuperanda, et adipifcenda. *ibid.* 1732.

Hievon ist der Verfasser der damalige Jurisrepetitor Kütscher.

13) *Diff.* de jure fuperficiario. *ibid.* 1732.
14) Thefes ex univerfo jure collectae. *ibid.* 1733.
15) *Diff.* de jure patronatus. *ibid.* 1734.
16) *Diff.* de exhaeredatione bona mente facta. *ibid.* 1734.
17) *Diff.* de decimis. *ibid.* 1735.
18) Quaedam ex jure quaeftiones. *ibid.* 1735.
19) *Diff.* de vera non fimulata Philofophia. *ibid.* 1736.

Verfaßt vom Defendenten Melchior Wüst.

20) *Diff.* de poena mendacii et criminis refidui. *ibid.* 1736.
21) *Diff.* de poteftate et regalibus principum. *ibid.* 1736.
22) *Diff.* de fequeftrationibus, arreftis et repreffaliis. *ibid.* 1737.
23) *Diff.* de decimis novalium. *ibid.* 1727.
24) *Diff.* de perfecutione damnorum. *ibid* 1738.
25) *Diff.* de vindiciis fifci legalibus perfaepe odio malo habitis. *ibid.* 1739. fal.
26) *Diff.* de claufulis executivis in genere et in fpecie. *ibid.* 1741.

Anselm Franz Ernst, der H. Schrift und B. R. Dr. erzbischöfl. m. Offizial und geistl. Rath, Chorherr und Sänger des Kollegiatstifts zum H. Viktor außerhalb Mainz, öffentlicher Lehrer des geistl. Rechts, auch Beisitzer der Juristenfakultät. Dieser berühmte Rechtsgelehrte ward zu Aschaffenburg 1684 geboren, woselbst sein Vater als Verwalter in freiherrl. von Sickingischen Diensten gestanden. Philosophie hörte er zu Aschaffenburg, die Rechtsgelehrtheit auf den Universitäten Wirzburg, Prag und Mainz; auf ersterer ward er Lizentiat, auf letzterer den 1. Aug. 1712. Doktor, wo er auch den 18 Nov. 1718 die ordentliche Professur des geistlich. Rechts erhielt. — Er war ein wahrer Menschenfreund, ein großer Liebhaber der Wissenschaften, ließ viele junge fähige Knaben auf seine eigene Kosten studiren, gelehrte Reisen machen, andere die schönen Künste und Wissenschaften erlernen; demungeachtet werden wenige Beispiele zu finden sein, daß ein Rechtsgelehrter mehrere Zufälle, Verdrießlichkeiten und Verfolgungen gehabt habe, als eben dieser. Sogar jene, die er aus dem Staube gezogen, traten gegen ihn auf; verfolgten ihn, und brachten es so weit, daß er nicht nur öfters von seinem Lehramte suspendirt, sondern sich gar eine Zeitlang, um dem Kerker zu entgehen, ins Darmstädtische flüchten mußte; wobei merkwürdig ist, daß er 3 Monate hindurch seinen gewesenen Zuhörern, von welchen er ungemein geliebt, und täglich in seiner Freistätt, besucht wurde, an der sogenannten Mainspitze Vorlesungen gehalten hat. Er las fast alle Theile der Rechtsgelehrtheit; welches ihm von Seiten seiner übrigen Amtsbrüder öfters Verdrießlichkeiten zuzog, und verursachte, daß sie ihn nicht zum Beisitze in der Fakultät aufnehmen, und daher die Promotionsnutzbarkeiten genießen lassen wollten. Wegen seiner ausgebreigebetiteten Gelehrsamkeit war er in großem Ansehen, besonders zu Rom, wo man ihn unter dem Namen: der große deutsche Kanonist: kannte, ungeachtet er dem römischen Hofe in seinen Vorlesungen gar nicht schmeichelte. Er war auch der letzte, der noch eine Doktorpfründe besaß. Starb endlich im 66ten Jahre seines ruhmvollen Alters den 17 Oktob. 1755.

Von den Schriften, welche unter seinem Vorsitze herausgekommen, und ihn größtentheils zum Verfasser haben, sind uns folgende bekannt.

1) *Disp.* Forum competens ex domicilio rei sitae, contractu et delicto. *Moguntiae.* 1713.
Diese Abhandlung gab er heraus, als er in besagtem Jahre Privatvorlesungen zu halten anfieng.
2) *Diss.* de emtione venditione, *ibid.* 1714.
3) *Comment.* an beneficia promotorum ad episcopatus per dispensationem retenta reservata sint?. *ibid.* 1719
4) *Diss.* de testamentis principum. *ibid.* 1721.
5) *Diss.* de jure succedendi nepotum proprio. *ibid.* 1721,
6) *Diss.* de singulari jure conductoribus fundorum publicorum competente. *ibid.* 1721.
7) *Diss.* de copia non probante. *ibid.* 1721.
8) *Diss.* de successione feudali. *ibid.* 1721.
9) *Diss.* de compromissis. *ibid.* 1722.
10) *Diss.* de jure accrescendi. *ibid.* 1722.
11) *Diss.* de jure domuum religiosorum. *ibid.* 1724.
12) *Diss.* vis sancta juramenti extrajudicialis. *ibid.* 1724.
13) *Diss.* de praeventione jurisdictionis in causis mixti fori. *ibid.* 1725.

14) *Diss.* de interlocutoria mere appellabili, sive gravamen per appellationem à definitiva irreparabile inferente. *ibid.* 1726.
15) *Diss.* de jure agonizantium. *ibid* 1728.
Verfaßt von Johann Konrad Gulmann.
16) *Diss.* de usuris. *ibid.* 1728.
17) *Diss.* de legitima illegitime gravata. *ibid.* 1729.
18) *Diss.* de contractu emtionis venditionis. *ibid.* 1730.
19) *Diss.* de juribus civitatum municipalium. *ibid.* 1730.
20) *Diss.* de judicio auftregali *ibid.* 1730.
21) *Diss.* de muliere efficaciter intercedente. *ibid.* 1731.
22) *Diss* de jure praelatorum saecularium et regularium. *ibid.* 1732.
Verfaßt von Hr. von Dünewald, Kanonikus zum H. Stephan und H. Kreuz.
23) *Diss.* de privilegiis. *ibid.* 1732.
24) *Diss.* de statutis, eorumque conflictu et praecedentia *ibid.* 1732.
25) *Diss.* de authoritate et usu pallii *ibid.* 1732.
Verfaßt vom Johann Franz Huth, damaligen Untervorsteher im Seminarium zu Mainz.
26) *Diss* de remedio recusandi judicem suspectum. *ibid.* 1732.
27) *Diss.* de communione acquaestuum inter conjuges ex statuto civitatis Moguntinae recepta. *ibid.* 1733.
28) *Diss.* de transactionibus. *ibid.* 1733.
29) *Diss* de unione prolium. *ibid.* 1733.
30) *Diss.* de favore liberorum. *ibid.* 1734.
31) *Diss.* de fonte. *ibid.* 1735.

32) *Diss.* de reservationibus concordatorum germaniae. *ibid.* 1736.
33) *Diss.* de jurisdictione camerae imperialis. *ibid.*
1736.
34) *Diss.* de immunitate ecclesiastica. *ibid.* 1736.
35) *Diss.* de jure non scripto, seu consuetudine. *ibid.*
1736.
36) *Diss.* complectens quasdam ex jure quaestiones.
ibid. 1737.
37) *Diss.* de jure pascendi. *ibid.* 1737.
38) *Diss.* de potestate, consensu et consilio *ibid.* 1738.
39) *Diss.* de permutatione. *ibid.* 1740.
40) *Diss.* de irrevocabilitate pacti in matrimonio ca-
tholicum inter et augustanae confessioni ad-
dictum de educandis in fide catholica liberis.
ibid. 1740.
41) *Diss.* de jure minorennitatis personarum illustrium. *ibid.* 1741.
42) *Diss.* de pactis futuram successionem inducentibus. *ibid.* 1742.
43) *Diss.* de cura modici. *ibid.* 1742.

Johann Philipp Hahn, Beider Rechten Doktor, ordentlicher Lehrer des bürgerlichen Rechts, k. m. Hofgerichtsrath, kurkölnischer Hofrath, wie auch anderer Fürsten und Reichsstände wirklicher Rath und kaiserl. Hofpfalzgraf, ward zu Großbartlof im Eichsfelde im Jahr 1690 gebohren. Sein Vater Wilhelm Hahn war ein geschickter Baumeister. Die Schulwissenschaften und Rechtsgelehrtheit studirte er auf der Universität zu Erfurt. Die Licentiaten- und Doktorwürde nahm er zu Mainz; erstere den 15. Febr. 1718, letztere den 18. Septembr. 1730. Im Jahr 1719. wurde er ausserordentlicher Lehrer; ordentlicher aber des bürgerlichen Rechts im J. 1726 den 9. Jul. und im J. 1735 Beisitzer der Juristenfakultät. Er war ein scharfsinniger Kopf, hat sich auch wirklich in seinen herausgegebenen Schriften als einen sehr geschickten und eleganten Rechtsgelehrten gezeigt, dessen Stärke aber besonders in dem römischen Rechte und in den damit verknüpften Hilfswissenschaften bestand. Seine sowohl theoretische, als praktische Vorlesungen hatten bei seinen häufigen Zuhörern den grösten Beifall. Sein Eifer im Lehren war so unermüdet, daß er so gar im höchsten Alter und in der erfolgten gänzlichen Blindheit seine juridische Vorlesungen vermittelst eines Vorlesers fortsetzte, bis er im J. 1774 verstarb.

Schriften, welche unter seinem Vorsitze herausgekommen, und ihn, in so weit sie ins bürgerliche Recht einschlagen, grösstentheils zum Verfasser haben, sind folgende:

1) Quaestiones polemicae circa materias praebendarum, paccorum, capitulationis imp. et investiturae feudi. *Moguntiae.* 1719.
2) *Diss.* de bonae et malae fidei possessore. *ibid.* 1720.
3) *Diss.* utrum princeps captus patris in captivitate initis stare teneatur. *ibid.* 1720.
4) *Diss.* de poenitentia. *ibid.* 1721.
5) *Diss.* de probatione in possessorio. *ibid.* 1721.
6) *Diss.* de electione summi pontificis. *ibid.* 1721.
7) *Diss.* de contractibus et actionibus *ibid.* 1722.
8) Compendium systematicum theoretico-practicum universi juris. *ibid.* 1724.
 . Collegium polemicum ad inftitutiones. *ibid.* 1728.

10)

10) *Diff.* de teftamento parentes inter et liberos privilegiato. *ibid.* 1729.
11) Difputatio ad inftitutiones juftinianeas una cum ftricturis in Hoppii comentarium. *ibid.* 1729.
12) *Diff.* porta aurea. *ibid* 1730.
13) *Diff.* de facramentis confeffione et poenitentia. *ibid.* 1731.
14) *Diff.* de retractu nobilitati imperii immediatae competente. *ibid.* 1732.
15) *Comment.* ad regulam juriscanonici fede vacante jurisdictio epifcopi tranfit ad capitulum ecclefiae cathedralis. *ibid.* 1733.
16) *Diff.* de effectu communionis, bonorum conjugalium. *ibid.* 1733.
17) *Diff.* de rerum inter conjuges communium alienatione. *ibid.* 1733.
18) *Diff.* de remedio L. f. C. de edicto divi Hadriani tollendo *ibid.* 1735.
19) *Diff.* de foenere *ibid.* 1736.
20) Succeffio ab inteftato tabulis Hoppianis exhibita. *ibid.* 1737.
21) *Diff.* de jufto annui reditus pretio. *ibid.* 1741.
22) *Diff.* de pactis futuram fucceffionem inducentibus. *ibid.* 1742.
23) *Diff.* de promiffis regum, neque fummitatem imperii tollentibus, neque mixturam inferentibus. *ibid.* 1742.
24) *Diff.* de arbitrio et arbitris. *ibid.* 1742.
25) *Comment.* fiftens claffem primam opinionum juridicarum ad L. 1. ff. junctis ftricturis in compendium Lauterbachianum. *ibid.* 1742.
26) *Diff.* de neceffitate tradendi jura germanica in univerfitatibus. *ibid.* 1742.

27)

27) *Diss.* de denunciationibus ad praescriptum conciliorum Lateran. et Trid. contractui matrimoniali praemittendis. *ibid* 1743.

Verfaßt von d' Angelo gewesenem Pfarrer in Mombach bei Mainz.
28) *Diss.* de renunciationibus *ibid.* 1743.
29) *Diss.* de regali postarum jure. *ibid.* 1743.

Verfaßt von dem Defendenten Raden.
30) Praesidium academicum, seu varia opuscula juridica. *ibid.* 1744.
31) *Diss.* de jure sequelae. *ibid.* 1744.

Diese Schrift findet man in des Hr. Hofrath Hartlebens *Thessauro Dissertat. jurid.* Vol. I. P. II. pag. 55.
32) *Diss.* de eo, quod justum est circa bonorum immobilium ad manus mortuas translationem. *ibid.* 1745.

Verfaßt von Viktor nachherigem Notarius am K. R. K. Gerichte zu Wetzlar.
33) *Diss.* de jure primariarum precum. *ibid.* 1745.
34) *Diss.* de rebus merae facultatis hactenus perperam definitis. *ibid* 1745.
35) *Diss.* de proëdria prae liberis imperii civitatibus competente immediatae imperii nobilitati, hujusque qualitate ad votum et sessionem in comitiis. *ibid.* 1746.

Der Verfasser ist Kirschbaum. S. Hattleben a. a. O. pag. 1.
36) Stricturae in compendium Leuterbach. continuatae. *ibid.* 1746.
37) *Diss.* de praejudicio tacentis. *ibid.* 1746.
38) *Diss.* de jure reformandi, *ibid.* 1746.

39) *Diff.* de perpetua circulorum imperii aſſociatione. *ibid.* 1746.
40) *Diff.* de jure venandi. *ibid.* 1747.
41) *Diff.* de uſu moderno circa inſignem effectum conſenſus parentum in nuptias liberorum. *ibid.* 1747.
42) *Diff.* de praerogativis legati imperii extra imperium, et jure commiſſarii imperatorii in imperio. *ibid.* 1747.
Verfaßt von Rudolph Dreymüller Kanonikus zum H. Peter in Mainz.
43) *Diff.* de neceſſitate et utilitate litis conteſtationis ſpecialis *ibid.* 1747.
44) *Diff.* de norma juſti in genere. *ibid.* 1748.
45) *Diff.* ad L. L. damnatas. *ibid.* 1748.
46) *Diff.* de regali principis circa adespota. *ibid.* 1748.
47) *Diff.* de via et exitu in labyrintho familiae erciſc. *ibid.* 1749.
48) *Diff.* de jure individuo per diviſionem haeredum non extincto. *ibid.* 1749.
49) *Diff.* de Teſtamentorum principum ſolennitatibus. *ibid.* 1750.
Verfaßt von Schmittmann.
50) *Comment.* quid ſtatuendum de doctrina ſtatus J. R. G. in cauſis privatis utuntur jure communi, exemplis maxime circa tutelam perſonarum illuſtrium illuſtrata. *ibid.* 1751.
Verfaßt von Neller damaligem Kanditaten der Rechte in Mainz.
51) *Diff.* de eo, quod juſtum eſt circa jus collectandi in J. R. G. *ibid.* 1751.
Verfaßt von Müller, nachherigem Vizeſtadtſchultheißen zu Mainz.

52) *Diff.* de ordinationibus, ceu novo judicandi genere fupremorum] Imperii tribunalium. *ibid.* 1753.

53) *Diff.* de jure principis catholici circa facra fubditorum fuorum proteſtantium, *ibid.* 1753.
- Verfaßt von Hr. von Eckard, jetzigem Weihbiſchofe zu Erfurt.

54) *Diff.* de dote profectitia ad patrem non revertente. *ibid.* 1754.

55) *Diff.* de jure patronatus canonici. *ibid.* 1755.

56) *Diff.* de ancipiti in terris vel civitatibus mixtae religionis afylorum jure. *ibid.* 1755.

57) *Diff.* de excluſione filiarum illuſtrium ab allodio, legitime ex jure et patriae moribus, vane ex renunciationibus quibuscunque petenda, *ibid.* 1755.
Verfaßt von Reichard.

58) *Diff.* de pignore manuali — vom Fauſtpfande. *ibid.* 1759.

59) *Expofitio.* compendii Lauterbachiani in tit. de inoff. teſtam. *ibid.* 1760. fol.

60) *Diff* de minore circumveniente et circumvento. *ibid.* 1761.

61) *Diff.* de manufidelibus in fpecie eccleſiaſticorum tum principum, tum privatorum in Germania. *ibid* 1762.
Verfaßt von Hr. Peſtel, dermaligem Dechant zum H. Johann in Mainz.

62) *Diff.* de nobili immediato in territorio ſtatus delinquente ab eodem non puniendo. *ibid.* 1762.

63)

63) *Diff.* de foenere et censibus ad L. L. usurarum dijudicandis. *ibid.* 1763.

Verfaßt vom Defendenten Boost.

64) Judex criminalis non errans. *ibid.* 1763.
65) *Diff.* de effectu communionis bonorum conjugalium soluto matrimonio praesertim secundum statuta moguntina. *ibid.* 1770.

Verfaßt von Hr. Joh. Fried. Wüstefeld dermaligem k. m. Hofgerichtsadvokaten.

Johann Michael Dahm, der Weltweisheit und B. R. Dr., k. m. Hofgerichtsrath, ordentlicher Lehrer der Rechte auf hiesiger Universität, Beisitzer und Sindikus der Juristenfakultät. Dieser Rechtsgelehrte ist in dem J. 1688 zu Wirzburg geboren, die untern Klassen und Philosophie studirte er zu Mainz, nach geendigten philosophischen Studien legte er sich einige Jahre auf die Gottesgelehrtheit; gieng aber davon ab, und lernte zu Wirzburg, dann zu Mainz unter Hohnkamp und Wagner die Rechtsgelehrtheit, und ließ sich daselbst den 12. August 1719 die Lizentiaten-und bald darauf die Doktorwürde ertheilen. Im J. 1722 ward ihm verstattet, Privatvorlesungen über die Rechtswissenschaft zu halten, bis er 1733 als ordentlicher Lehrer der Rechte ernennt, und im J. 1745 auch als ordentlicher Beisitzer in die Juristenfakultät aufgenommen ward. Dieser wackere Mann brachte sein Alter bis ins 74. Jahr, und starb 1758. Lange vor seinem Tod hatte er das Unglück, blind zu werden; setzte aber dennoch 4 Jahre hindurch vermittelst eines Vorlesers seine Lehrstunden fort. Von seinen Schriften wissen wir folgende anzugeben.

1) *Diss.* de jure conducendi von geistlicher Obrigkeit, Moguntiae. 1745.
2) Von der Osterfeier. *ibid.* 1746.
   Verfaßt von Hr. Loskand, Beisitzer am K. Hr. K. Gerichte.
3) *Diss.* de natura renunciationis bis auf einen ledigen Anfall. *ibid.* 1747.
4) *Diss.* de jure dioecesano S. R. J. statuum protestantium. *ibid.* 1751.
   Verfaßt vom Defendenten Meller.
5) *Diss.* de dote filiarum illustrium. *ibid.* 1753.
   Verfaßt von Hr. Scheld, dermaligem Regenten des Seminariums zu Mainz.
6) *Diss.* de necessitate informationis in recursibus ad comitia imperii à supremis germaniae tribunalibus exigenda. *ibid.* 1753.
7) Oedipus sphingis aenigmata solvens, sive enucleatio 23 dubiorum ex jure publico. *ibid.* 1755.
8) *Diss.* de unico, vero et adaequato juris naturae principio. *ibid.* 1749.
9) *Diss.* de praejudicio loquentis ex inconsulta linguae lubricitate. *ibid.* 1747.
10) *Diss.* de necessitate et qualitate possessionis in emtorem transferendae. *ibid.* 1742.
11) Selectae ex jure canonico de sponsalibus et matrimonio positiones. *ibid.* 1750.
12) *Diss.* de officio et praerogativis Electoris moguntini. *ibid.* 1746.
    S. Hr. Hofrath Hartleben, a. a. O. pag. 95.
13) *Diss.* de vero ac genuino sensu illius: fiscus in dubio utitur jure communi. *ibid.* 1751.

14) *Diss.* de peculio clericorum aeque ac laicorum, ejusque dispositione inter vivos et ultima voluntate. *ibid.* 1752.
15) Exercitationes canonicae in usum auditorum collegii privati juris can. *ibid.* 1752.

Johann Gottfried Schweiffarb,

B. R. D. und des theologischen Doktorats Kandidat, J. m. Hofgerichtsrath und auserordentlicher Lehrer der Rechte. Dieser würdige Gelehrte ist aus Westphalen gebürtig; aber wo und wann, konnte man nicht erfahren. Im J. 1728 den 25. Jänn. ward er als auserordentlicher Lehrer der Rechte angestellt; heirathete bald darauf die Schwester des Professors Ernst, und ward ungefähr im J. 1738 nach Ollmütz mit einem Gehalte von 4000 fl. berufen.

Von seinen Schriften können wir folgende nennen.
1) *Diss.* continens paratitla lib. IV. institutionum imperialium. *Moguntiae* 1724.
2) *Diss.* de jurisdictione, foro competente, judiciis et officio judicis. *ibid.* 1727.
3) *Diss.* de querela inofficiosi testamenti. *ibid.* 1731.

Friederich Wilhelm Rüding,

Beider Rechte Lizentiat, Hof- auch Hofgerichtsrath, auserordentlicher Lehrer der Rechte, ward den 14. Oktobr. 1704 zu Mainz geboren, wo er auch seine juridische Kollegien endigte. Hierauf praktizirte er ein Jahr zu Wetzlar, und nahm 1726 die Lizentiatenwürde in seiner Vaterstadt an, ward bald darauf Hofgerichtsbeisitzer und 1733 auserordentlicher Lehrer der Rechte. 1740 gieng er von der Professur ab, und ward vom Kurfürsten Johann Friedrich Karl, mit dem Hofrathsprädikate nach Wetzlar als Kanzleiverwalter geschickt, welche Stelle er mit allgemein bekanntem Ruhme bis an sein im April 1781 erfolgtes Ende bekleidete.

Von seinen Schriften sind uns nur folgende bekannt:

1) Synerisis judicii possessorii et petitorii. *Moguntiae* 1726.
2) Einige Dissertationes ad titulos institutionum Justinian.

Philipp Adam Schultheiß,

Beider Rechte Doktor, k. m. geistlicher und kurpfälzischer Geheimerrath, auf der mainzer Universität ordentlicher Lehrer des geistlichen Rechts, auch Beisitzer der Juristenfakultät, apostolischer Protonotar, Offizial des Domscholasters, und Dompfarrer zu Mainz. Dieser Rechtsgelehrte ist zu Selgenstadt im J. 1703 geboren, studirte die untern Schulen und Philosophie zu Mainz, woselbst er auch den Schülern der philosophischen Klasse so lange die Philosophie repetirte, bis er in das erzbischöfliche Seminarium, als geistlicher Zögling aufgenommen wurde. Aus dieser geistlichen Pflanzschule ward er als Hofmeister zu den damaligen jungen Herrn von Bettendorf berufen, mit welchen er seine juridische Studien zu Heidelberg und seiden in den Niederlanden betrieb. Nach zurückgelegten akademischen Jahren machte er mit seinen jungen Herrn eine gelehrte Reise durch Frankreich, Italien und die Niederlande. Nach sei=

feiner Zurückkunft ward er an der Domkirche zu Mainz Pfarrer, dann Geistlicherrath, den 8. Febr. 1735 ordentlicher Lehrer des geistlichen Rechts, und den 17. Jänner 1743 Doktor zu Heidelberg, wo er schon 1739 Lizentiat geworden war, und starb 3 Jahre hernach. Er war von einem außerordentlich aufgeweckten muntern Geiste, ein treflicher Lehrer, und sehr guter Prediger; von ihm sind auch Trauerreden verfertiget, und mit großem Beifalle aufgenommen worden.

Von seinen Schriften, welche theils von ihm verfaßt, theils nur unter seinem Vorsitze herausgekommen, kennen wir folgende:

1) Vom Durchzuge fremder Völker. Mainz 1743.
2) *Diss.* de foro competente S. R. I. principum et statuum in causis feudalibus regalibus, atque eorundem praerogativis et juribus, atque de eo, quod juris circa recursum ad comitia. *Moguntiae* 1743.

Verfaßt von Hr. Cunibert, nachmaligem k. m. Geheimenrathe. S. Hartleben a. a. O. Vol. I. P. II. pag. I.

3) Bedenken über die rechtmäßigen Ursachen, für andere Krieg zu führen; besonders aber de jure belli pro foederatis contra foederatos *Francof.* 1738.
4) *Diss.* de clausula cassatoria eorum, quae contra pacta summorum imperantium cum subditis fiunt. *Moguntiae* 1742.
5) *Diss.* de collatione bonorum. *ibid.* 1745.
6) *Diss.* de jure primariarum precum. *ibid.* 1745.

Johann Georg Neureuther, Beider
Rechten Lizentiat, k. m. Hof- und Regierungsrath, außerordentlicher Lehrer des Staatsrechtes, auch Beisitzer und Sindikus der Juristenfakultät, ist den 20. Oktober 1709 zu Mainz geboren, studirte daselbst die untern Schulen, Philosophie und die Rechtsgelehrtheit. Nach geendigten Schuljahren gieng er nach Wetzlar, um sich in der kais. reichskammergerichtlichen Praxis zu üben. Im J. 1736 ward er B. R. L., darauf den 26. Jänn. 1740 außerordentlicher Lehrer des Staatsrechts, und den 11. Febr. 1744 Beisitzer der Juristenfakultät; den 16. Dezembr. 1744 berief ihn Kurfürst Johann Friedrich Karl in den Hofrath und präsentirte ihn endlich im J. 1753 zum kaiserl. Reichskammergerichtsbeisitzer. Er starb aber bald darauf am 19. Jänn. 1757 zu Mainz. Das vorzüglichste Verdienst dieses zu seiner Zeit eines der größten und berühmtesten Rechtslehrern um die mainzer hohe Schule bestand darin, daß er der erste war, der daselbst das Natur- und allgemeine Staatsrecht, und zwar hauptsächlich zur Reinigung der Köpfe von Schulpedanterie öffentlich vortrug; sein Hörsaal, worin er täglich 6 bis 8 Stunden die meisten Gattungen der Rechtswissenschaften in einem annehmlichen sehr fließenden Lateine und deutlichem Vortrage lehrte, war mit häufigen Zuhörern, worunter die nachmaligen Professoren Neller, Steinhäuser, Dürr, Horix und mehrere sich befanden, angefüllt. Junge Leute, bei welchen er ein besonderes gutes Talent, und zugleich auch Mittel, ihre Studien fortsetzen zu können, wahrnahm, munterte er auf, weiters auf auswärtigen Universitäten, und zwar besonders zu Göttingen zu studiren.

Schriften, die von ihm verfaßt worden, sind folgende:

1)

1) *Diff* de possessore catholico non obligato ad bona saecularisata pristinis usibus restituenda. *Moguntiae*. 1733. Unter dem Vorsitze des Prof. Straus.

2) *Diff.* de privilegiis S. R. I. electorum de non appellando. *ibid.* 1736.
Mit dieser Streitschrift erhielt er den gradum licentiae.

3) *Diss.* de jure capituli moguntini circa directorium in comitiis sede moguntina vacante. *ibid.* 1745. Praeside *Schultheis*.

4) Specimen juris naturae de justis aequilibrii finibus. *ibid.* 1746.

5) *Diss.* de praerogativa S.R.I. electorum in praescribenda imperatori capitulatione. *ibid.* 1747. Praeside cl. *Dahm*.

S. Sattleben a. a. O. 254. S.

6) *Diss.* de eo, quod justum est circa exemptionem verum principis à vectigalibus. *ibid.* 1748. Praeside *Dahm* S. Sattleben a. a. O. 133.

7) *Diss.* de justo et injusto regalium usu. *ibid.* 1755. sub praesidio cl. *Dahm*.

S. Hofrath Sattleben a. a. O. 254.

Christian von Ottenthal, Beid. Rechts-lizentiat, k. m. Geheimer- auch Revisions- und Hofkriegsrath, außerordentlicher Lehrer der Rechte, ist am 10. August 1714 zu Hadamar bei Limburg geboren. Die untern Schulwissenschaften studirte er zu Bamberg, die Rechtsgelehrsamkeit zu Trier. Nach zurückgelegten akademischen Jahren gieng er nach Wetzlar; darauf nach Mainz, wo er eine Zeitlang advozirte. Demnächst nahm ihn der damalige Großhofmeister Graf von Stadion, als Gesandtschaftssekretär mit nach Hannover. Nach geendigten Gesandtschaftsgeschäften kam er wieder nach Mainz, ward außerordentlicher Lehrer der Rechte den 1…… 744, und las die reichskammergerichtliche ……, das Lehn= und deutsche Recht, wie auch In……tionen. Den 20 Dez. ward er B. R. Lizentiat; dann k. …. Hofrath. Hierauf legte er das Lehramt nieder. Im …hre 1772 ward er geheimer Rath, und bald ……f Hofkriegsrath, und da immittelst die Visitation des k. R. R. Gerichts eingetreten; so ward er als erster Subdelegat nach Wetzlar abgeschickt. Er starb 1783. Von ihm kennen wir nur die Abhandlung: vom Durchzuge der freien Völker. Mainz 1744. unter Dahms Vorsitz.

Ludwig Philipp Behlen,

Bischof zu Domiziopolis, Sr. kurfürstl. Gnaden zu Mainz Weihbischof, Vikarius generalis in Pontifikalibus, Provikarius in Spiritualibus, geheimer Geistlicherrath, B. R. Doktor, Lehrer des geistlichen Rechts, der ansehnlichen Stiftskirche zum H. Peter, und zu unserer lieben Frauen auf den Staffeln in Mainz Chor= und Kapitelsherr, auch Scholaster, Vorsteher des erzbischöfl. Seminariums zum H. Bonifaz. Dieser würdige, und um das Erzbisthum Mainz besonders verdiente Mann, ward zu Duderstadt im Eichsfelde den 2. May 1714 geboren; und nach geendigten Schuljahren in die Pflanzschule für junge Geistliche nach Mainz versetzt, woraus
er

er als Erzieher des nachherigen Ministers und Großhofmeisters Freiherrn von Groschlag nach Wezlar gieng, bei dessen Herrn Vater dem damaligen Reichskammergerichtspräsidenten er sich hinlängliche Anlagen zu allem dem, was er hernach ward, zu machen Gelegenheit fand. Im Jahr 1745 ward er als Auffseher des Seminariums nach Mainz berufen, nahm daselbst 1746 in der Rechtsgelehrtheit die Doktorwürde, und den Lehrstuhl des geistlichen Rechts an: 1748 ward er in den geistlichen Rath gezogen; 1751 erhielt er die Stiftspfründe zum H. Peter, und zeigte sich in verschiedenen ihm aufgetragenen geistlichen Staats-und politischen Geschäften als einen thätigen gelehrten und feinen Kopf; weßhalben er schon, ehe er noch den Titel erhielt, zu den geheimsten Geschäften seines Fürsten gezogen ward. Bei dem Palliumstreite unter Kurfürsten Johann Friedrich Karl, zwischen dem Erzstifte Mainz und Hochstifte Wirzburg und den Fuldericrungen wegen der Metropolitangerichtsbarkeit zeigte er in Rom 1752 die größte Geschicklichkeit. Sein unermüdter Eifer für die Rechte seines Fürsten zu streiten, erwarb ihm nebst der genauen Freundschaft des Kardinals Passionei die größte Lobsprüche Pabstes Benedikt des 14ten und von seinem Fürsten noch eine reiche Pfründe in der Stiftskirche zu unserer lieben Frauen auf den Staffeln zu Mainz. Nun fieng Behlen an, eine Stufe nach der andern zu steigen: 1752 ward er Großfiskal, 1762 Siegelbewahrer, 1767 Offizial, 1768 geistlicher Geheimerrath; endlich erklärte ihn Kurfürst Emmerich Joseph am 5. Jul. 1769 zu seinem Weihbischofen, und setzte ihm den dritten Sonntag im Advente die Bischofsmütze, als die größte Belohnung seiner Verdienste, die er ihm geben könnte,

könnte, mit eigenen Händen selbst auf. Unseren jetzigen glorwürdigsten Wiederherstellet unserer hohen Schule, Friedrich Karl Joseph weihete er zum Priester und Bischofen. Endigte sein ruhmvolles Leben, das er auf 63 Jahre brachte, am 22. Jun. 1777. Im Umgange war er scherzhaft, witzig, gieng nicht viel aus, und die Gelehrten besuchten ihn häufig zu Hause, denen seine Tafel immer gedeckt war. Im Reden war er sehr behutsam. Von seiner Gelehrtheit zeugen seine so wohl gedruckte, als noch ungedruckte Schriften im gelehrten, Staats-und politischen Fache, und die vielen Gutachten, die er ertheilte. Der Zulauf der Zuhörer bei seinen Vorlesungen, die er immer mit seinen praktischen Erfahrungen zu belegen wußte, war sehr groß.

Seine Schriften sind folgende:
1) *Diff.* de causis saecularisationum legitimis et illegitimis. *Moguntiae*. 1746.
2) *Diff.* de tacita invalidae alienationis rerum universitatis convalidatione. *ibid.* 1757.

Verfaßt von Hr. Räzen, dermaligen Stadtgerichtsassessorn zu Mainz.

3) *Diff.* de defraudationibus decimarum. *ibid.* 1763.

Der Verfasser hievon ist der Defendent Doel.

4) *Diff.* ad Art. V. §. 48. J. P. O. de vestigiis jurisdictionis ecclesiasticae episcoporum catholicorum germ. in A.C. statuum subditos protestantes ad consequendos census, ac decimas ad excommunicationem procedentium, ac de hujus praesertim effectu. *ibid.* 1762.

Vom Defendenten Reuter verfaßt.

5) *Diff.* de jure comitiorum imperii circa sacra. *ibid.* 1747. Praeside cl. *Dahm.*

6) **Ausführliche** Deduktion in Sachen Hr. Grafen von Ingelheim contra Wirzburg die exceptionem spolii des Ritterguts Böcholt betreffend. 1753.

In dieser Sache hat Barthel fürs Kapitel zu Wirzburg die Diff. de rebus ecclesiae non alienandis geschrieben. Bei dem Kammergerichte siegte Graf von Ingelheim aus den in den v. kramerischen Nebenst. 1. Th. 2. Abhandlung und 4. Th. 7. Abhandl. angeführten Gründen; jedoch wurde die Sache letzlich noch verglichen.

7) Series facti et juris circa erectionem novi episcopatus Fuldensis et concessionem pallii Herbipol. *ibid.* 1753. Fol.

8) Jus metropoliticum Moguntinum in ditionem Fuldensem perpetuo possessum. *ibid.* 1754. Fol.

Bei diesem Streite hat bekanntlich Barthel in Diff. de pallio und Fuld in verschiedenen Deduktionen gegen den Behlen die Feder geführet. Diese Sache wurde endlich verglichen, wie in dem Bullario *Benedicti XIV.* anno 1746. in Bulla *saluberrimum*, und anno 1557. in Bulla *ad Sacrum* zu sehen ist.

Franz Anton Dürr, Beid. Recht. Dokt. wirklicher kurmainz. Hof- und Regierungsrath, des deutschen Staatsrechts ordentlicher öffentlicher Lehrer auf der hohen Schule zu Mainz, Dechant und Beisitzer der Juristenfakultät, Sindikus des erzbohen Domstifts zu Mainz, Mitglied der hessenkasselischen Akademie der Alterthümer, und anderer gelehrten Gesellschafſchaften mehr, iſt zu Mannheim den 19. Hornung 1729 geboren, kam in ſeinen iungen Jahren nach Mainz, lernte daſelbſt die Schulwiſſenſchaften und Weltweis⸗heit, und vertheidigte bei der Annahme der philoſophi⸗ſchen Doktorwürde im J. 1744. nebſt den Haupt⸗ſätzen aus der ganzen Weltweisheit auch die Streitſchrift: De paſſionibus animae et virtutibus moralibus ad animum moribus homine dignis excolendum.

In der Rechtswiſſenſchaft hatte er einen Hahn, Neureuther und Behlen zu Lehrer. Nachdem er 4 Jahre zu Mainz die Jurisprudenz erlernet, und darüber eine öffentliche Probe abgelegt hatte; gieng er nach Göttingen, hörte da noch das römiſche und das deutſche Privatrecht, nebſt der gemeinen und reichsgerichtlichen Praxis, und dem Kanzleiſtile; beſonders aber legte er ſich dort auf das deutſche Staatsrecht, die Literatur, Geſchichte, Münz⸗Ur⸗ und Wappenkunde, und andere Wiſſenſchaften und Sprachen; ſeine Lehrer darin waren die gelehrten Männer Gebauer, Schmaus, Pütter, Dav, Köhler und andere; und obſchon er dazumal Doktor in der Philoſophie war: ſo hörte er dennoch die Anfangsgründe der neuen Weltweisheit bei Baumeiſter, und die angewendete Naturlehre, die er hernach zu Wien bei dem berühmten Jeſuiten Franz mit der Meßkunſt fortſetzte. Er beſuchte die dazumal in größtem Rufe ſtehenden hohen Schulen, und zwar aus den katholiſchen und vermiſchten die Heidelberger, Erfurter, Wirzburger, Bamberger, Ingolſtädter, Wiener, Inſbrucker, Bolognäſer, Paduaner ꝛc. aus den proteſtantiſchen die Jenaiſche, Halliſche, Wittenbergiſche, Leipziger ꝛc. die Ritterakademie zu Braunſchweig, die Thereſianiſche zu Wien, die

Sa⸗

Savoysche ꝛc. Hr. Hofrath Dürr hatte auf seinen gelehrten Reisen sich alle das zu Nutzen gemacht, was zur Vollkommenheit eines vorzüglichen Gelehrten gehörte, die Einsicht in die Verschiedenheit der hohen Schulen, ihrer Grundsätze, ihrer Lehrgefächer, Lehrart, und die Bekanntschaft mit so vielen vortreflichen Männern, mit denen er hernach bei seiner Zuhausekunft einen dem Gelehrten so unentbehrlichen freundschaftlichen Briefwechsel unterhielt, und steht auf solche Art mit den berühmtesten Universitäten bis auf den heutigen Tag in Verbindung. Unter diese seine gelehrte Freunde zählte er die in der gelehrten Welt bekannten Männer Engau, Buder, Nettelbladt, Kramer, Maskow, Hommel, Krell, Leiser, Ickstadt, Frölich, Schleger, den philosophischen Vater Wolf, den zu Jena mit so lautem Beifalle ehedessen lesenden Daries, Franz, Hamberger und andere. Nach erhaltener Lizentiatenwürde in Mainz im J. 1751 besuchte er die höchsten Reichsgerichte; besonders aber machte er am Reichshofrathe aus den dort verhandelten berühmtesten geistlichen Rechtsstreiten über die königlichen Pfründen die preces imperiales, über Deutschlands Konkordaten, Bischofswahlen u. d. gl. schöne Auszüge, welche er alle noch an gehörigen Orten herausgeben wird. Um sich einen lebhaften Begriff von dem deutschen Reichstage zu machen; so hielt er sich auch einige Zeit zu Regenspurg auf. Auf seinen gelehrten Reisen durch ganz Deutschland und Wälschland, sah er alles, was ihre Städte für die Wissenschaften und Künste vorzügliches hatten, und sammelte sich hierüber so viele Bemerkungen, daß er zu den neuesten Reisebeschreibungen noch einen ziemlichen Nachtrag liefern könnte. Bei seiner Nachhausekunft im J. 1753 ward er der Rechte und Geschichte außerordentlicher öffentlicher Lehrer mit dem Hofgerichtsraths-titel, aber ohne Gehalt. Bis dahin wurde auf der mainzer hohen Schule nichts als Natur-bürgerliches, geistliches, Staats-und Lehnrecht mit der gemeinen Praxis gelesen, und Hr. Hofrath Dürr war der erste, der das Studium der Geschichte zu Mainz einführte, zu welchen Ende er in besagtem Jahre eine Einladungs-schrift unter der Aufschrift: Quaenam historiae partes ICto sint necessariae. Mog 1753. herausgab; und aus Eifer fürs gemeine Beßte hielt er noch verschiedene Vorlesungen über nützliche Wissenschaften, die bisher gemangelt hatten: besonders machte er mit der Reichsgeschichte, Einleitung in die allgemeine Geschichte, und besonders der deutschen den Anfang. Die folgenden Jahre wechselte er mit der römischen Rechtsgeschichte, den Institutionen und Digesten, dem Staats-Lehn-und deutschen Privatrechte, der Literatur und geistlichen Geschichte, der Statistik, alten und neuen Erdbeschreibung, Wappenkunde ꝛc. ab. 1755 ward er Doktor, 1757 nach des Prof. Neureuthers Tode ordentlicher Lehrer des Staatsrechtes, und der Geschichte, Universitätssindikus und Beisitzer der Juristenfakultät, 1762 Sindikus des mainzischen Domkapitels, 1763 wirklicher Hof-und Regierungsrath. Vom J. 1775 bis 1783 hat er bei Abgange eines Lehrers der Kirchengeschichte, der sonst immer aus der Geistlichkeit war, auch noch die Kirchengeschichte vorgetragen. Bei 12 Jahren trug er die Geschäfte der Juristenfakultät allein. Im J. 1777 als dem dritten Jahrhunderte der gestifteten mainzer hohen Schule erklärte er, um das Jubeljahr wenigstens in etwas zu feiern, in der bei einer Doktorpromotion gehaltenen Rede die

Ge-

Geschichte der mainzer Juristenfakultät aus alten Urkunden. Neun ertheilte er die Doktorwürde, und bei zwei und zwanzig öffentlichen Vertheidigungen der Streitsätze um die Lizentiatenwürde saß er vor; das Amt eines Universitätssindikus verwaltete er schon 30 Jahre lang, wobei er die Gerichtsbarkeit und Stiftungssachen besorgte, die Freiheitsrechte und Vorrechte seiner hohen Schule vertheidigte, die Rektoratsbefehle, und Einladungen zu den Vorlesungen ausfertigte ꝛc.

Seine Schriften betreffend schrieb er nebst der obenangezeigten Einladungsschrift:

1) *Diss Inaug.* de matrimonio aequali et inaequali perſonarum illuſtrium in Germania, vulgo von Staats-und Mißheirathen. *Moguntiae* 1757. Unter dem Vorsitze des J. Mich. Dahm.

Dieſe Abhandlung gab er auf Schmauſens Anrathen wider Moſer heraus, wovon auch nächſtens die dritte und vermehrte Auflage erſcheinen wird.

2) *Diss.* de eo, quod juſtum eſt circa jus collectandi in imperio. *ibid.* 1751.

Welche ebenfalls noch einmal ſo ſtark vermehrt wieder herauskommen wird.

3) *Diss.* de eo, quod juſtum eſt in cauſis ſpolii, et praecipuè, an in iis obtineant auſtregae? *ad conc ordin. cam.* Part. II. Tit. 8. *ibid.* 1752.

4) *Commentatio hiſtorica* de epiſcopo puerorum, vulgo vom Schulbiſchofe, qua hiſtoria literaria univerſae rei liturgicae, variaeque antiquitates ecclesiaſticae illuſtrantur. *ibid.* 1755.

Diese

Diese Schrift ist zu Leipzig wieder aufgelegt worden.

5) *Diss.* de poteſtate patria circa religionem liberorum. *ibid.* 1755. Unter Dahms Vorſitze.

6) *Commentatio hiſtorica* de Moguntino S. Martini monaſterio, ubi variae antiquitates eccleſiaſticae illuſtrantur, ac praecipue, an eccleſia metropolitana Moguntina quondam fuerit ord. S. Benedicti monaſterium, inquiritur. *ibid.* 1756.

Unter ſeinem Vorſitze ſind ſeit 1760 folgende Streitſchriften an Tag gekommen.

1) *Diss.* de eo, quod juſtum eſt circa jus reformandi in territorio oppignorato, cujus facta eſt reluitio ad illuſtrationem Inſtr. Pac. Oſnabr. A. V. §. 27. *ibid.* 1760.

2) *Diss.* de capitulis clauſis eccleſiarum cathedralium et collegiatarum in Germania. *ibid.* 1763.

3) *Diss.* de parocho à perceptione decimarum novalium in Germania excluſo. *ibid.* 1764.

4) *Diss.* de judice controverſiarum in cauſis electionum epiſcoporum Germaniae. *ibid.* 1768.

5) *Diss.* de juſtis ſacrae et regalis poteſtatis limitibus. *ibid.* 1769.

An dieſer hat Hr. Hofrath Dürr keinen Antheil, ſondern hat ſelbige vielmehr in der Vorrede zur Diſputation unter dem Titel: de dubiis ſacrae et regalis poteſtatis limitibus, wiederleget. Dieſe Wiederlegung wird bald im Drucke erſcheinen.

6) *Diss.* de domino territoriali proteſtantico ſuis

subditis catholicis in impedimentis jure ecclef. dirimentibus nulliter difpenfante. *ibid.* 1769.
7) *Diff* de annis gratiae canonicorum ecclefiarum cathedralium et collegiatarum in Germania. *ibid.* 1770.
8) *Diff.* de eo, quod juftum eft circa repreffalias in caufis religionis in Germania. *ibid.* 1771.
9) *Diff.* de annis carentiae canonicorum ecclefiarum cathedralium et collegiatarum in Germania. *ibd.* 1772.
10) *Diff* de beneficio ecclefiaftico authoritate episcopali legitime permutato ad effectum precum primariarum haud vacante. *ibid.* 1773.
11) *Diff.* de ordinationibus in proceffu camerae imperialis ufitatis. *ibid.* 1776.
12) *Diff.* de comitiis imperii à Rudolpho I. Habsburgico Romanorum rege celebratis, praecipue autem de comitiis Norimbergenfibus de A. MCCLXXIV, quorum acta hactenus inedita producuntur. *ibid.* 1778.
13) *Diff.* de authentia fynodi colon. de anno 346. antiqui ecclefiarum Germanicarum ex faeculo IV. monumenti. *ibid.* 1778.
14) *Diff.* de probatione per picturas in facris. *ibid.* 1779.
15) *Diff.* de confraternitatibus ecclefiarum cathedralium et collegiatarum in Germania. *ibid.* 1780.
16) *Diff. Inaug.* de clerico ob affumtam militiam beneficium fuum ipfo jure haud amittente. *ibid.* 1780.

An dieſer Streitſchrift hat Hr. Hofrath Dürr ebenfalls keinen Antheil; ſondern der wahre Verfaſſer faffer davon ist der dermalige erzbifchöfl. m. geistliche Rath Hr. Johann Baptist Krik.

17) *Diſſ* de formula reformationis ecclef. ab Imperatore Carolo V. in comitiis auguſtanis 1548 ſtatibus ecclef. oblata, et A. 1559 variis ſupplementis aucta adhuc hodie in materia diſciplinae ecclef. in Germania pro norma inſerviente. *ibid.* 1782.

Verfaßt von Hr. Brauburger, demaligem geiſtlichen Rathe zu Bruchſal.

18) *Diſſ.* de ſuffraganeis, ſeu vicariis generalibus in pontificalibus epiſcoporum Germaniae. *ibid.* 1782.

19) *Diſſ.* de obedientiis et oblegiis ecdefiarum cathedralium et collegiatarum in Germania. *ibid.* 1782.

20) *Diſſ.* de probatione per numiſmata in ſacris. *ibid.* 1782.

21) Abdruck eines fernern Reſponſi juris von der kurf. Juriſtenfakultät zu Mainz ad cauſam Samuel Friederich Freiherrn von Gultlingen, contra die Reichsritterſchaft in Schwaben Orts am Kocher, und den Freiherrn Joſeph Anſelm Adelmann von Adelmannsfelden: praet. mandati de reſtituendo, reſarciendo et ſatisfaciendo C. et S. C. Mainz. 1775. Fol.

Dieſes Reſponſum iſt ohne Vorwiſſen des Hr. Hofraths Dürr gedruckt worden.

Die meiſten dieſer akademiſchen Abhandlungen findt man in Schmidts *Theſ. jur. ecclef.*

22) *Hiſtoria* univerſitatis Moguntinae diplomatica. *ibid.* 1784.

Hr.

Hr. Hofrath Dürr ist Willens, seine meistens noch ungedruckte Streitschriften der gelehrten Welt vorzulegen, auch seine schon herausgegebene mit vielen Vermehrungen zusammen drucken zu lassen; so wie auch seine bei öffentlichen Disputazionen und Promozionen gehaltene Reden, und sonst noch kleinere Werke so wohl historischen, als juristischen Inhalts erscheinen werden. — Eine diplomatische Geschichte über die Begräbnisse der Kaiser, besonders zu Speier, worin verschiedene schöne, und bisher noch ungedruckte Urkunden bekannt gemachet werden, hat er bereits in der Streitschrift: *de comitiis à Rudolpho I Habsburgico habitis*, angekündiget, so wie er, als man zu Bingen des Johannis sehr selten gewordene mainzer Geschichte wieder auflegen wollte, selbige verbessert und mit sehr vielen Zusätzen vermehret herauszugeben versprochen hat. — Wie viel er in der Praxis gearbeitet, werden seine ebenfalls bald erscheinende rechtliche Ausführungen und Gutachten über die berühmtesten Materien des geistlichen, Lehen, peinlichen, deutschen und bürgerlichen Rechtes in mehreren Bänden an Tag legen. Man kann das Publikum davon desto dreister versichern, als Herr Hofrath dieses alles selbst versprochen hat. Vielen Reichsfürsten, Erz- und Hochstiftern gieng er in den wichtigsten Geschäften mit seinem Rathe an Handen. — Oft geschahen ihm die glänzendesten Versprechungen von Beförderungen, Ehrentiteln und Gehaltszulagen, wenn er sich hätte entschließen können, sein geliebtes Vaterland zu verlassen.

Johann Horix, Beider Rechten Doktor, ordentlicher Lehrer der Rechte auf der hohen Schule zu Mainz, k. m. Geheimer- und Revisionsrath, auch gewesener Subdelegat bei der Kammergerichtsvisitazion zu Wetzlar, ist geboren zu Mainz im J. 1730, studirte auf dahiesiger, und nachher auch auf der göttinger Universität Philosophie und Rechtswissenschaft. Auf der ersten nahm er die Lizenziatenwürde im J. 1752 an. Demnächst arbeitete er in- und außer den kurmainzischen Landen, bloß um sich praktische Kenntnisse zu erwerben. Bei dem kurmainzischen Großhofmeister und Staatsminister Grafen von Stadion genoß er, so lange derselbe bei Leben war, ein ganz besonderes Vertrauen, welcher ihm auch den Zutritt in das Reichsarchiv zu Mainz verschafte. Im J. 1754 wurde er Beisitzer bei dem Stadtgerichte zu Mainz, und im J. 1755 B. R. Dr., Beisitzer der Juristenfakultät, und außerordentlicher Lehrer der Rechte, im J. 1766 ward er k. m. Revisionsrath, und 1768 wirklicher k. m. Geheimerrath.

Anfangs las er das Lehrrecht über Stryk, die Anfangsgründe des römisch-bürgerlichen Rechts über Hopp, das Natur- und Völkerrecht über Vittriarius, das Staatsrecht über Maskow, das römisch-bürgerliche Recht über Lauterbach, das geistliche Recht über Grenek.

Mehreres von seiner Lebensgeschichte wird bei seinen Schriften als an dem wegen unmittelbaren Zusammenhange schicklichsten Orte angeführt werden. Den Anfang hievon macht

1) *Diff. Inaug.* de jure inſtituendi nundinas in imperio romano germanico. *Moguntiae.* 1752.

Dieſe Probſchrift gab er heraus, als er ſich die Lizenziatenwürde ertheilen ließ. Es war demſelben hiebei ausdrücklich unterſagt, etwas von den mainzer Meſſen mitanzuführen; jedoch bald hernach erhielt er die Erlaubniß, worauf im Drucke erſchien

2) Hiſtorica nundinarum Moguntinarum delineatio. *ibid.* Darauf folgte

3) *Diff.* de unione electorali. *ibid.* 1754.

Dieſe ſoll nach dem Dafürhalten des Hr. geheimen Juſtizraths Pütter die beſte in dieſer Materie ſein.

Bei ſeiner Doktoralpromozion gab er heraus:

4) Oratio de cauſa contemtus doctorum. *ibid.* 1755.

Welche nebſt obigen Schriften bei Hr. Hartleben, a. a. O. vorkömmt.

Als er über das peinliche Recht im J. 1757 zum erſtenmale Vorleſung hielt, gab er heraus:

5) Wahre Veranlaſſung der peinlichen Halsgerichtsordnung Kaiſers Karl des V.

Dieſes Programm hat hernach der heſſendarmſtädtiſche Hr. Hofrath und Profeſſor Koch dem 2ten Theile ſeiner *Inſt. jur. crim.* beidrucken laſſen.

Dergleichen Programmen in deutſcher Sprache waren bis dahin bei der mainzer Univerſität nicht üblich.

6) Demnächſt erſchien Tractatiuncula de fontibus juris canonici germanici. *Mog.* 1758. iſt zu leſen in v. Kramers Nebenſt. 98. Th.

Bald

Bald darauf trug sich die Erledigung der ordentlichen Profeſſur zu. Hr. Horix ward alſo Profeſſor der Inſtituzionen, auch Beiſitzer der Juriſtenfakultät, und lehrte von da an öffentlich die Inſtituten über Heineck, die Digeſten über Böhmer, das Lehnrecht über Wolf, das Kriminalrecht über Meiſter; die Praxis aber über Pütters juriſtiſche Praxis, des Karrachs Einleitung zum Zivilprozeß und des Pütters praxis judiciaria ſupremorum imperii tribunalium.

Wobei ſeine vielfältige Fakultätsarbeiten und Advokaturgeſchäfte ihren ununterbrochenen Fortgang hatten.

Während dieſer Zeit ſchrieb er:

7) *Diſſ.* de differentia decimarum eccleſiaſticarum et ſaecularium praecipue quoad onus reparandi eccleſias. *ibid.* 1759. welche demnächſt auch den v. Cramerischen Obſervazionen Tom. 4. Obſ. 1180 eingeſchaltet wurde.

8) De conſtantia et fortitudine in ICto neceſſaria, welche auch bei Hartleben a. a. O. 247. Seite zu leſen iſt.

Die Suspenſion, welche das ſpeieriſche Domkapitel wider ſeinen damaligen Dechant unternommen hatte, und die deßfalſigen Rekurſen nach Mainz, Rom, Wien und Wetzlar, deren ſich Hr. Horix abſeiten dieſes Hr. Dombechants unterzogen hatte, veranlaßte verſchiedene Druckſchriften, die zur Aufklärung der Konkordaten Deutſchlands und überhaupt des Staatsrechts in geiſtlichen Sachen ſehr vieles beitrugen. Den Anfang machte

machte er mit einer Deduktion in fol. unter dem Titel:

9) Hiſtoria proceſſus apologetica ex parte et in cauſa S. R. I. comitis de Limburg Stirum, decani cathedralis Spirenſis implorantis ex capite manifeſti ſpolii contra capitulum cathedrale Spirenſe etc.

Dieſer folgten

10) Concordata nationis Germanicae integra,. welche auch hernach den v. Krameriſchen Nebenſtunden 49 und 50 Th. eingeſchaltet, und nachher in einer beſondern Sammlung von Schriften die Konkordaten betreffend erſchienen.

Nach dieſen verfertigte derſelbe

11) ein *Reſponſum privatum*; zog darüber die Beſtättigung der Univerſitäten zu Löwen, Paris und Göttingen ein, welche alle ſo fort in fol. gedruckt, und

12) nebſt einem gedruckten deutſchen *promemoria* dem im J. 1764 gehaltenen Kurfonvente übergeben wurden. Dieſe Schriften findt man nun auch in den v. Krameriſchen Nebenſtunden 84 und 63 Th.

Schon damals verfertigte derſelbe eine Differtation de appellationibus ad curiam Romanam, welche auch von der mainzer Juriſtenfakultät gutgeheißen war: nur blieb der öffentliche Druck annoch ausgeſetzt, und ſtatt deſſelben gab er heraus:

13) *Diſſ*. de ſtatu judaeorum in Germania. in 4.

14) *Diſſ*. de libertate navigationis in J. R. G. in fol.

welche

welche auch hiernach in dem 108. Th. der v.Cram. Nebenst. und in Härtlebens Thes. Vol. I. P. II. pag. 161 vorkömmt.

Der kurtrierische Weihbischof von Sontheim hatte im J. 1763 durch die Herausgabe seines *Febronius* die in dem im J. 1730 gedruckten Traité de l' authorité du pape enthaltenen Grundsätze abermals frisch aufgetischet. Der erste, welcher hierwieder die Feder ergriff, war der Prälat zu Rockenburg Georgius unter dem Namen *Frobenius*: gegen diesen trat der Hr. Professor Horix gleichfalls unter einem verkappten Namen auf. Es erschienen also:

15) Germani pacifici literae responsoriae ad Frobenii epistolam. *Friburgi* 1764.

Wovon ein Fragment in der 2. Ausgabe des *Febronius* opp. 2. p. 26 steht.

In der von Hessenkassel im J. 1763 unternommenen Arretirungssache des an den oberrheinischen Kreis affreditirten Ministers der vereinigten Niederlanden Grafen von Wartensleben verfertigte derselbe ein

16) rechtliches Gutachten aus dem Völkerrechte und der deutschen Kreisverfassung, welches sofort von der mainzer Juristenfakultät bekräftiget und in der damals in fol. erschienenen gräflich Wartenslebischen Vertheidigung Nro. 70 abgedruckt wurde.

Als immittelst die gräflich Stirumsche Sache selbst von Rom abgewiesen, somit zur Metropolitanexekution gediehen war; entwarf derselbe, lediglich

biglich um die Vergleichshandlungen zu befördern, eine weitere Deduktion unter dem Titel:

17) *Fama* contra detractiones publicas defensa, gedruckt zu Köln 1766 in fol.

Als aber immittelst der Vergleich zwischen den beiderseitigen Bevollmächtigten Hr Prof Dürr und Sörir den 13.Jänn. 1767 zu Stande kam, wie solcher in dem 68 Th. v. Kram. Nebenst. zu lesen ist; so kamen von dieser letzten Deduktion nur sehr wenige Exemplarien heraus.

Die von Hr. Sörir während des Krönungsgeschäftes zu Frankfurt betriebene reichskündige Holzhäuser Restituzionssache, und der dadurch zu Stande gekommene Vergleich verschafte demselben eine nähere Bekanntschaft mit dem kaiserl. R. Kammergerichtsbeisitzer Freiherrn von Kramer. Demselben überschickte der Hr. Prof. Sörir nach und nach folgende Abhandlungen:

18) Ob in materia concordatorum curia romana judex competens sey, und die Interprätazion sich allein zueignen könne?
S. die von Kramer. Nebenst. 94 Th.

19) Von der wahren und eigentlichen Beschaffenheit der Konkordaten deutscher Nation. a.d.a.O. 50 Th.

20) Von reichsgesetzmäßiger Vorkehr gegen unerlaubte Bücher, samt der wider ausschweifende Bücherrichter zu statten kommenden Rechtshilfe, a. d. a. O. 53. Th.

21) Judex faecularis pro impertiendo brachio à judice ecclefiaftico requifitus de exceptione
nulli-

nullitatis, vel manifestae injustitiae recte cognoscit. *Cram. Observat. T. 4. Obs.* 1162.

22) A judice faeculari etiam fine requifitione judicis ecclefiaftici ad fupplicationem partis fententia poteft executioni dari. *ibid. Obs.* 1163.

23) Beneficium transmiffionis actorum in vim revifionis nec à faeculari, nec ab ecclefiaftico judice poteft denegari. *ibid. Obs.* 1209.

24) De abufibus in materia exemtionum a collectis. *ibid. Obs.* 1210.

25) Facultates juridicae in Germania fecundum conftitutiones imperii ut vera tribunalia funt reputanda. *ibid. Obs.* 1216.

26) Quando de competentia fori cum judice ecclefiaftico litigatur, decifio ad auguftiffima tribunalia fpectat. *ibid. Obs.* 1217.

27) Dantur feuda, ubi vafallus ad renovationem invefticurae plane non obligatur. *ibid. Obs.* 1218.

28) Interpretatio textus dubii concordatorum Afchaffenburgenfium circa alternationem menfium. *ibid. Obs.* 1227.

29) *Diss.* de infigni libertate cleri germanici circa impofitionem decimarum. *Moguntiae* 1766.

Diese Differtation kommt auch in dem 85 Th. der v. Kramer. Nebenft. und in der 2 Ausgabe der *concord. nat. germ. integr.* in 8vo vor.

Im Jahre 1766 las derselbe über Schmausens Kompendium, welches aber auch dessen letztes Kollegium war, und ungeachtet er das geistliche Recht auf Ostern 1767 über *Fleury institutiones juris ecclefiaftici* angefaßt hatte; so unterblieb doch dieses wegen der zur solchen Zeit eingetretenen Visitasitazion des K. Reichskammergerichts, wozu derselbe als Direktorialsubdelegirter abgeordnet wurde.

Ehe Hr. Sorix noch nach Wetzlar abgieng, erhielt er Gelegenheit, dem kurkölnischen Hofe einen wichtigen Dienst in der kurkölnischen Testamentssache zu leisten; weßwegen er auch mit dem Prädikate als wirklicher kurkölnischer Geheimerath begnadiget wurde.

Im Hornung 1767, als der Hr. Professor einen Doktor zu promoviren hatte, gab er

30) den ganzen Promozionsakt im Drucke heraus, in welchem die Universitätsgeschichte, und Verfassung im römischen Reiche erläutert wird, welches nachher auch dem III. Th. der o. kram. Nebenst. einverleibet wurde.

Damals hatte Hr. Prof. Sorix auch mit herausgegeben,

31) Zwei Reden de juribus principum ecclesiasticorum imperii tam testato, quam intestato decedentium.

Aber Freiherr v. Kramer übergieng solche in seinen Nebenstunden, um bei dem herzoglichbaierischen Visitazionssubdelegirten nicht anzustoßen.

Währender Visitazion gab derselbe in Druck

32) Pragmatische Erläuterung des §. 164. jüngeren Reichsabschiedes, und des dahin einschlagenden Visitazionsgutachtens vom J. 1713, worin die Materie von den Munzinturen Deutschlands in das Licht gestellt wird. S. den 3. Th. der concord. nat. germ. integr.

Im J. 1769 erhielt Hr. Prof. Horix den Auftrag, einen Konkordatengegenstand mehr zu beleuchten. Damals wurde das Bisthum Regenspurg durch den Antritt des Bisthums Augspurg ledig. Die römischen Kurialisten behaupteten, daß nunmehr bei Regensburg nicht ein deutsches Wahl=sondern ein päbstliches Kollazionsrecht eintreten müsse. Hr. Geheimerrath Horix verfertigte dagegen

33) eine **Ausführung**, welche so fort geschrieben an gehörige Stellen gelangte. Nachher erhielt er auch die Erlaubniß, solche in öffentlichem Drucke bekannt zu machen, welches auch in dem 3. Th. der *concord. nat germ. integr.* S.83. und folgg. geschah.

Auf Verlangen des Reichskammergerichtsbeisitzers Freiherrn von **Kramer**, ließ er die Differt. de infigni libertate cleri germanici circa impofitionem decimarum deſſelben 85. Th. der Nebenſtunden einrücken, und um andere anzufriſchen, auf ähnliche Art dergleichen einzelne Gegenſtände der Konkordaten zu bearbeiten, verfertigte er hiezu ein

34) kurzes **Verzeichniß** der Konkordatengegenſtände, welche unter der Aufſchrift: merkwürdige Bei=träge zur Erläuterung der Konkordaten, in obgemeldtem Th. der Nebenſtunden vor=kommen.

Gleichmäßig verfertigte er im J. 1770.

35) *Diſſ.* quatenus forum in fupremis imperii tribunalibus in caufis ecclefiafticis catholicorum quoad poſſeſſionem fit dubium.

Dieſe Abhandlung findet ſich in dem 103. Theile der von kram. Nebenſt.

Im

Im J. 1768 als der Kurfürst zu Mainz das Bissthum Worms erhielt, verlangten die römischen Kurialisten die Annaten noch einmal von dem Erzbisthume Mainz unter dem Vorwande, daß durch Erlangung des zweiten Bisthums das erste Bisthum ipso jure vakant sey; somit gleichsam neuerdings vom Pabste verliehen würde. Der kurmainzischen Gegenvorstellung, daß weder bei den Vorfahrern, welche gleichfalls Bischöfe zu Worms geworden, noch sonst in Deutschland dieses Anmuthen geschehen sey, ungeachtet, beharrten dennoch die Römer auf ihrem Antrage; ließen aber zugleich zu erkennen geben, daß man auf ein Nachsuchen von Seiten Kurmainz vielleicht mit der Halbscheid, ja wohl gar nur mit dem dritten Theile sich begnügen dürfte.

Diese dem gesammten Deutschlande, und besonders den geistlichen Reichsständen äußerst schädliche Neuerung zu vereiteln, erhielt Hr. Prof. Horix den Auftrag, in einer lateinischen Druckschrift öffentlich auszuführen, wie weit Deutschland berechtigt sey, der immer weiter schleichenden Habbegierde der Kurialisten, insonders in Betreff der Annaten einen Verhau zu legen. Derselbe verfertigte zu dem Ende

36) Observationes historico jurid. in concord. nat. germ. und ließ solche schleunigst zu Ulm drucken. Sobald diese zu Rom bekannt geworden, schrieb man weiters von Mainz aus nach Rom: „man „könnte sich dermalen zu nicht dem mindesten in „Betreff der mainzer Annaten verstehen. Wollte „Rom auf seiner Foderung beharren; so würde „Kurmainz diesen Gegenstand zur Reichstagsbe-

„rathung zu befördern genöthiget seyn, bis wo-
„hin man aber auch mit Zahlung der wormser
„Annaten an sich halten wollte: vermeinte aber
„Rom, die neue Foderung der mainzer Annaten
„fallen zu lassen; so würde man zu Bezeugung
„seiner besondern Achtung, die wormser Anna-
„ten annoch zu entrichten, sich gefallen lassen."

Der Erfolg hievon war, daß Rom sich mit den wormser Annaten begnügte: hierauf folgte

37) *Tract.* de appellationibus et evocationibus ad curiam romanam ad illustrationem Art. 14. §. 3. 4. et 5. Capitulationis caefareae in 4to. *Giefae* 1772.

Diese schon im J. 1764 von der mainzer Juristen-fakultät gut befundene Abhandlung machte jetzt zu Rom einiges Aufsehen. Klemens *XIV.* las solche selbst: äußerte sich aber darauf, daß den Deutschen nicht zu verübeln sey, wenn sie fest auf jenem bestünden, was der päbstliche Stuhl zur Zeit, als dieser sich in einer kritischen Lage befand, ihnen feierlich zugesagt hatte; Rom hielte ja das nämliche andern Nazionen, warum dann nicht ebenmäßig den Deutschen?

Weiters gab derselbe während der Visitazion im J. 1773 in dem 3. Theile der *concord. nat. germ. integr.*

38) Die bisher noch nicht gedruckt gewesenen Beschwer-den der deutschen Nazion von dem J. 1521 und 1522 heraus, welche hiernächst Moser in sei-nen Betrachtungen über die Wahlkapitulazion Kaisers Joseph *II.* ad Art. 14. noch einmal mit einigen Zusätzen abdrucken ließ.

39)

39) Historisch pragmatische Erläuterung der kaiserl. Wahlkapitulazion, in sofern dieselbe Gegenstände der Konkordaten berührt.

Im Jahr 1776 kam bekanntlich die Visitazion des kaiſ. Reichskammergerichts ins Stecken. Der Hr. Geheimerath kam also nach Mainz zurück, wo er jetzt noch lebt; jedoch keine Vorlesungen hält.

Sonst ist noch zu bemerken, daß demselben nicht nur der 4 und 5te Theil der *concord. nat. germ. integr.* sondern auch folgende Werke irrig als Verfaſſer zugeschrieben werden.

1) **Rechts-und geschichtenmäßige Erörterung** einiger die concordata nat. germ. und die der deutschen Nazion dieserthalb führende Beschwerden betreffende Fragen.
2) **Grundriß des im osnabrücker Frieden enthalte-nen Entscheids.**
3) *Obſ.* jur publ. germ. de civitatum imperii juribus ecclesiasticis et politicis.
4) **Das große weltbetrügende Nichts,** d. i. die Hexerei und Zauberei.
5) **Erörterung des Entscheidungsrechts in zwiespalti-gen Wahlen geistlicher Reichsfürsten.**
6) **Gesammelte Originalbriefe,** in welchen die meiſten Handlungen der Reichsviſitazionsdeputazion beleuchtet werden.

In dem von 1. Sündenmahler zu Wirzburg, von 2 und 3. Senkenberg zu Frankfurt, von 4. P. Jordan zu Erfurt, von 5. der holländische Legationsrath Peſtel zu Mainz, und von 6 der kaiſ. königl. Staatsrath Freiherr von Schröder zu Wien die wahren Verfaſſer ſind.

Karl

Karl Franz Fischer, B. R. Dr., k. m. Hofgerichtsrath, und ordentlicher Lehrer des bürgerlichen Rechts, ist zu Duderstadt den 24. Sept. 1714. von wohlhabenden, bloß von ihrem Vermögen lebenden Aeltern geboren. Im J. 1755 ward er ausserordentlicher, und im J. 1758 ordentlicher Lehrer der Rechte, und Beisitzer der Juristenfakultät. Starb 1781. Dieser gute Mann hatte Kopf und Willen, dem Publikum recht nützlich zu werden; allein sein siecher schwacher Körper, den er immer auf Krücken dahin schleppen mußte, hinderten ihn, sein gutes Vorhaben so ganz vollkommen ins Werk zu setzen. Schriften kennen wir keine von ihm.

Johann Georg Schlör, erzb. m. geistlicher Rath und Siegler, Doctorat. Theol. Candid. B. R. Dr., der geistlichen Rechte und der Konsistorialpraxis öffentlicher Lehrer, ordentlicher Bücherzensor, der Kollegiatstifter zum H Kreuze bei Mainz, und zum H. Johann des Täufers zu Amöneburg Kapitelsherr und Dechant, auch Pfarrer des Soldatenkrankenhauses zu Mainz.

Dieser geschickte Rechtsgelehrte war den 14 Sept. 1722 zu Uimphingen bei Bischofsheim an der Tauber geboren. Schon im siebenten Jahre seines Alters verstarben ihm seine beide Aeltern. Er ward also dem Schulrektor zu Bischofsheim zur Pflege übergeben, der ihm von den Franziskanern die untern Schulwissenschaften beibringen ließ. Hierauf gieng er nach Mainz, studirte die Weltweisheit, und Gottesgelehrtheit; worauf er als ein Geistlicher nach Ingolstadt ins Seminarium

rium geschickt wurde. Darauf kam er im J. 1746 wieder nach Mainz, und half an der Seelsorge in der Pfarrei zum H. Emeran; ward 1749 Doctorat.Theol. Candid. und erhielt 1750 die Pfarrei im Soldaten= krankenhauße zum H. Johann in Mainz, wo er sich 1753 die Licenziatenwürde ertheilen ließ, und erhielt end= lich den 30 Jänn. 1757 im geistlichen Rechte die auf= ferordentliche Lehrstelle, ward 1762 wirklicher geistli= cher Rath, den 3 Febr. 1768 Chorherr in dem Kol= legiatstifte zum H. Kreuze bei Mainz, und im J. 1776 zu Amöneburg; im erstern ward er den 14 Jänn. 1780 Dechant. Im J. 1772 nahm er die Doktorwürde in der Rechtsgelehrtheit ; worauf er nach Absterben des Prof. Behlen den ordentlichen Lehrstuhl des geistl. Rechts, und 1779 den Beisitz bei der Juristenfakul= tät erhielt. Im J. 1778 ward er Siegler an dem erzbischöfl. mainz. Vikariate, und starb endlich in ei= nem ruhmvollen Alter den 20 Novemb. 1783. Er war ein rechtschaffener und fleißiger Mann, der in der geistlichen Gerichtspraxis sich viele Kenntnisse erwor= ben hatte. Seine von ihm verfaßte Schriften sind folgende.

1) *Diss.* canonica de ecclesiarum parochialium sae-
   cularitate, earumque unione subjectiva mo-
   nasteriis facta. *Moguntiae* 1753.

Unter Dahms Vorsitze.

2) *Disceptatio* juris publici ecclesiastici ad concordata Germaniae de reservatione beneficiorum
   et dignitatum apud sedem apostolicam, sive
   in curia romana per obitum naturalem vacan-
   tium ad literam concordatorum et textum *cap.*
   licet 2. *de praeb. in* 6. *ibid.* 1762.

3) *Disceptatio* juris publici ecclesiastici ad concordata Germaniae de reservatione beneficiorum et dignitatum ex *qualitate personae*, obitu tamen contingente in curia *ibid.* 1765.

4) *Diss.* jur. publ. ecclef. ad concordata Germaniae de electione archi-et episcopoium in Germania, five de reservatione apostolica dignitatum archi-et episcopalium ex *qualitate vacationis* ad textum concordatorum *electione cassata, postulatione non admissa.* ibid 1767.

5) *Diss.* jur. publ. ad concord. Germ. de natura et indole illorum, ut sunt pacta, five ad textum bullae *Nicolai* V, eaque rationabilia et salubria, quatenus haec fint legitime interpretanda, *ibid.* 1771. Diese Abhandlung ward unter dem Vorsitz des Hr. Hofraths Dürr vertheidiget.

6) *Discept.* jur. publ. ecclef. ad concordata Germaniae de alternativa mensium, five de reservatione beneficiorum ex *qualitate temporis* vacautium juxta §. *de caeteris vero.* Francofurti et Lipsiae 1766.

7) *Discept.* jur. publ. ecclef. ad concordata Germaniae de reservatione beneficiorum et dignitatum ex qualitate vacationis per resignationem ad textum concordatorum: „per eos facta renunciatio et admissa authoritate nostra extiterit, aut renunciationem admitti per nos, aut authoritate nostra contingat. *ibid.* 1777.

8) *Discept.* jur. publ. ecclef. ad concordata Germaniae de reservatione beneficiorum et dignitatum ex qualitate vacationis per promotionem vel translationem ad literam concord. nec non etiam per assecutionem pacificam beneficiorum

rum per nos seu authoritate nostrarum literarum immediate collatarum etc. *Heidelbergae* 1779.

9) *Discept.* jur. publ. ecclef. ad concord. Germ. de praepofituris ab alternativa exceptis et fanctae fedi apoftolicae non refervatis. *Mogunt.* 1781.

10) *Discept.* jur. publ. ecclef. de ftudio biennali, parochiis, doctoribus ac beneficiis iisdem ab alternativa exceptis, five de privilegiis, praerogativis, aliisque favoribus ad promovenda literarum ftudia, perfonis in theologia v. jure in univerfitatibus Moguntina v. Erfordienfi graduatis, maxime docentibus circa beneficia ecclefiaftica conceffis et adhuc concedendis. *ibid.* 1782.

Anselm Franz Lieb, k. m. Geheimerrath, B. R. Lizenziat, Vizeregierungs= und Kanzleidirektor, beigeordneter Lehnprobst und Revisionsrath ist zu Mainz den 18 Oktob. 1732 geboren. Sein Vater Veit Franz Lieb, war daselbst wirklicher Hofgerichtsrath. Die niederen Klassen und Philosophie studirte er theils zu Aschaffenburg, theils zu Mainz. Endigte in seiner Vaterstadt seine juridische Studien, und ward am 28 Jul. 1759 daselbst in den Rechten Lizenziat; gieng hierauf im J. 1757 nach Wetzlar, dann nach Wien und Regensburg; und als er im April des Jahres 1759 wieder nach Mainz kam, ward er im nämlichen Jahre den 10 März zum außerordentlichen Lehrer der Rechte ernannt: legte aber diese Stelle den 16 Jänn. 1762 nieder, und ward dagegen k. m. Hof-und Regierungsrath.

rath. Vom Jahre 1767 bis 1769 war er als k. m. Subdelegat bei der Visitazion des R. R. Kammergerichts nach Wezlar abgeschickt. Den 23 April 1768 ward er zum k. m. Geheimenrathe, im Jahre 1776 den 23 März dem Lehnprobste beigeordnet, und den 17 März 1783 zum Vizeregierungs=und Kanzleidirektor ernennt. Seine Probeschrift behandelt die Materie:

De majori personarum illustrium aetate. *Moguntiae* 1759, so unter Dahms Vorsize erschien.

Johann Rudolph Will,

B. R. Lizenziat, k. m. Hof=und Regierungsrath, außerordentlicher Lehrer der Rechte, erster domkapitularischer Sindikus und Sekretarius, ward geboren zu Mainz den 26 Novembr. 1733. Die zu höheren Wissenschaften nöthigen Vorbereitungsgründe, Philosophie und Rechtsgelehrtheit erlernte er in seiner Vaterstadt. Nach geendigtem juridischen Kurse gieng er ein Jahr nach Göttingen. Bei seiner Zurückkunft nach Mainz ward er 1759 den 14 März außerordentlicher Lehrer, und bald darauf B. R. Lizentiat, wobei er die Streitschrift:

De differentia decimarum ecclesiasticarum, praecipue quoad onus reparandi ecclesias, vertheidigte. Im J. 1761 den 14 Jul. ward er als wirklicher Hofgerichtsrath, 1778 den 28 Jänner als erster Domkapitelischer Sindikus und Sekretarius, und den 11 Jun. des nämlichen Jahres als wirklicher Hof=und Regierungsrath ernannt. Da sich durch diese neu erhaltene Aemter seine Geschäfte so sehr häuften, daß er dem akademischen Lehramte nicht mehr abwarten konnte:

so

so schloß er 1778 seine juridische Vorlesungen, und hielt um seine Entlassung an.

Schriften kennen wir keine von ihm.

Gottlieb Ungleich, B. R. Lizenziat, k. m.

wirklicher Hofrath, und außerordentlicher Lehrer der Rechte, ist im J. 1745 den 17 März zu Mainz, wo sein Vater Universitätsbuchbinder gewesen geboren, studirte daselbst, und nach geendigten akademischen Studien besuchte er noch die Universitäten zu Göttingen, Erfurt, Wirzburg, und zu Wetzlar übte er sich in der reichskammergerichtlichen Praxis. Den 10 Sept. 1769 ward er außerordentlicher Lehrer der Rechte; bald hernach den 28 Novembr. ließ er sich zu Mainz die Lizentiaten würde ertheilen. Nach aufgehobenem Jesuiterorden hielt er ein Jahr philosophische Vorlesungen, und ward im J. 1774 als wirklicher k. m. Hofrath ernannt: starb aber den 25 Oktobr. 1776 in seiner besten Thätigkeit durch einen in der hitzigen Krankheit aus einem Fenster gethanen Sprung, wodurch er den Kopf zerschmetterte.

Von ihm sind keine Schriften, als die Probeschrift: De jurisdictione supremorum imperii tribunalium *ex L. un. cod quando Imp. int. pup.* haud fundata. *Mog* herausgekommen. S. Hr. Hofrath Hartleben a. a. O. pag. 25.

Peter Anton Frank, B. R. Dr., k. m.

Hofrath, der deutschen Reichsgeschichte und des deutschen Staatsrechts öffentlicher Lehrer ist zu Aschaffenburg,

burg, woselbst sein Vater Kaufman gewesen ist, den 7 April 1746 geboren. Die unteren Klassen und Philosophie studirte er in seiner Vaterstadt unter der Aufsicht der Jesuiten. Nach geendigten philosophischen Studien gieng er nach Mainz, allwo er in den Jahren 1764 bis 1766 sich der Rechtsgelehrsamkeit unter Anführung eines Behlen, Horix und Will widmete. Nach diesem dreijährigen juristischen Kurse gieng er auf ein Jahr nach Wirzburg, um die damals berühmten Männer Sündermahler und Barthel in ihren Vorlesungen zu hören. Barthel las damalen grade zum leztenmale, und zwar über Fleury instituciones juris ecclesiastici, da er vorhin über Engels jus canonicum Vorlesungen gehalten hat. Von Wirzburg begab er sich im J. 1768 nach Göttingen, allwo er einen Winter- und Sommerkurs verblieb. Im J. 1769 gieng er nach Weßlar, und machte sich neun Monate lang mit der reichskammergerichtlichen Praxis bekannt. Darauf kehrte er nach Mainz zurücke, arbeitete seine Inauguraldissertazion, während welcher Arbeit er den 24 Dezembr. 1770 das Dekret als außerordentlicher Lehrer auf der mainzer Universität erhielt: ward aber darauf den 12 Apr. 1771 als kurf. trierischer Hofrath, und öffentlicher ordentlicher Lehrer der Geschichte, des deutschen Staats und Lehnrechtes nach Trier berufen, welchen Lehrstuhl er auch noch im nämlichen Jahre nach der in Mainz erhaltenen Lizentiaten- und Doktorwürde antrat. Den 29 Dezembr. 1775 ward ihm dorten auch das Oberbibliothekariat über dasige Universität, und die der Universität einverleibte ehemalige Jesuitenbibliothek übertragen. Nach einem neunjährigen Aufenthalte in Trier ward er den 15 April 1780 wieder als k. m. Hof- und Regierungsrath, und

und öffentlicher Lehrer der Reichsgeschichte, und des deutschen Staatsrechtes nach Mainz berufen. Hierauf trat er im J. 1781 eine Reise nach Regenspurg an, bei welcher Gelegenheit er die Universitäten Bamberg, Erlangen, Altdorf und Ingolstadt genauer kennen lernte. Zu Regensburg beschäftigte er sich acht Monate hindurch mit Benutzung des dasigen Reichsarchives zum publizistischen Endzwecke. Nach seiner Zurückkunft nach Mainz eröfnete er im folgenden akademischen Jahre seine Vorlesungen über die deutsche Reichsgeschichte über **Pütters Hauptfaden der deutschen Reichsgeschichte**, und das deutsche Staatsrecht, nach Anleitung der **Pütterischen Instituzionen** *jur. publici.* In eben diesem Jahre ward er als Deputirter der hiesigen hohen Schule nach Wirzburg zum dasigen Universitätsjubileumsfeier abgeschicket, bei welcher Gelegenheit er die dasige Universitätsverfassung genau in ihrem Innersten kennen lernte.

Von ihm sind folgende Schriften herausgekommen.

1) *Diff. inaug.* censura principii: jurisdictio supremorum imperii tribunalium in caulis ecclesiasticis protestantium non magis, quam catholicorum fundata. *Moguntiae* 1771.

Mit dieser Schrift erhielt er die Lizentiatenwürde. Der Speierische Hr. geistl. Rath Anton Schmide hat diese Abhandlung seinem Thesauro juris ecclesiastici Tom. III. Nro 14 einverleibet. Wobei aber in Betracht der *Pag.* einige Fehler begangen worden Diese Schrift hat verschiedene Angriffe erlitten, wider welche sich auch Hr. Hofrath bald vertheidigen wird.

2)

2) Gründlicher Beweiß, daß dem erzstiftischen Domkapitel von Trier die landesherrliche Zwischenregierung in dem mit dem Erzstifte auf ewig vereinigten Fürstenthume Prüm, bei gehindertem oder erledigtem Stuhle ausschließlich zustehe, nebst rechtlicher Anwendung dieses Hauptsatzes auf die letzte Zwischenregierung von 1768 mit Beilagen von Num. 1 — 128. 1781, Fol. Sie ist rezensirt a) in Meusels Hist. Literat. für das Jahr 1781. S. 514—526. b) in der neuesten Juristischen Bibliothek vornehmlich des deutschen Staats-und Kirchenrechts 4tes Stück. N. 1. S. 209—217. c) in der Literatur des katholischen Deutschlands 4. B. 2tes Stück S. 185. u. f. d) in Schotts unpartheiischer Kritik über die neuesten juristischen Schriften 93 Stück W. 4. S. 216—222. e) Erfurter gelehrte Zeitung auf das Jahr 1781. 60tes Stück. f) Jenaische gelehrte Zeitung aufs Jahr 1781. 36tes Stück S. 281., womit noch die Materialien zur geistlichen und weltlichen Statistik des niederrheinischen und westphälischen Kreises (1781) ersten Jahrg. sechstes Stück, und die frankfurter gelehrten Anzeigen N. 73 und 74. vom 11 und 14 Sept. 1781 zu verbinden sind.

Die Absicht des trierischen Domkapitels ist nun erreicht; und der Streit, welcher 66 Jahre gedauert hat, durch einen Vergleich vom 12 Dezembr. 1782 zur vollkommenen Befriedigung des Domkapitels beigelegt.

3) Einige anonimische Aufsätze. Hr. Hofrath Frank übergab auch während seines Aufenthalts in Trier

im

im J. 1779 eine Abhandlung zur Zensur unter folgendem Titel: *Differt. juris publici ecclefiaftici germaniei*: de jurisdictione fupremorum imperii dicafteriorum in caufis civilibus ecclefiafticorum, fpeciatim de domino territoriali, privilegio de non appellando provifo, in caufis civilibus perfonarum ecclefiafticarum mediatarum, ad limites privilegii, judice competente ad illuftrandam et fupplendam capitulationem caefaream *Art.* 14. §. 4. Diese Abhandlung kam aber damals aus einigen politischen Beweggründen nicht zum Drucke.

4) Grundbetrachtungen über Staat und Kirche nach natürlichen Rechtssätzen in Anwendung auf Deutschland. Zur Einleitung einer nachfolgenden Abhandlung von dem rechtlichen Gebrauche der Grundsätze der philosophischen Staatsrechtswissenschaft im deutschen öffentlichen Kirchenrechte. Mainz 1784.

Peter Söhnchen, k. m. Hofgerichtsrath, und außerordentlicher Lehrer der Rechte, ist im J. 1742 zu Niederhausen im Amte Usingen, wo sein Vater, der protestantischen Religion zugethan, Schultheiß war, geboren. Im J. 1751 kam er nach Mainz, und nahm die katholische Religion an; wegen seinem guten sittlichen Betragen, und besondern Geistesfähigkeiten fand er Freunde, die ihn unterstützten. Nach rühmlichst geendigtem philosophischen Schuljahre gieng er in den Jesuitenorden; in welchem er aber kaum ein Jahr verblieb:

blieb: hierauf widmete er sich der Rechtsgelehrtheit, und ließ sich darin 1764, um die Lizentiatenwürde zu erlangen, prüfen; gieng hernach im J. 1765 als Gesandtschaftssekretär nach Wien. Nach seiner Zurückkunft nach Mainz ward er 1774 als Lehrer der praktischen Rechtsgelehrsamkeit angestellt, worüber er aber nur ein halbes Jahr über Knorrens Anleitung Vorlesungen gehalten. Hierauf ward er 1775 zum geheimen Kabinetssekretär und Hofrath, und im Jahre 1777 zum Reichshofrathssekretär, welche Stelle er noch wirklich bekleidet, befördert. Schriften kennen wir keine von ihm.

―――

Georg Wilhelm Reinek, k. m. Hofgerichtsrath, und außerordentlicher Lehrer der Rechte, ward zu Heiligenstadt im J. 1743 von Eltern bürgerlichen Standes geboren; studirte zu Mainz, wo er nach geendigten akademischen Jahren die Philosophie und Rechtsgelehrtheit den daselbst Studirenden repetirte, bis er als Repetitor der kurmainzischen Edelknaben angestellt worden. Im J. 1772 den 16 Oktobr. erhielt er das außerordentliche Lehramt der Rechte, und als er noch an seiner Streitschrift, wodurch er den gradum licentiae erhalten wollte, arbeitete, ward er 1778 in seinen besten Jahren der Hoffnung, die sein viel versprechender Kopf nicht unerfüllt gelassen haben würde, durch den Tod entrissen.

―――

Franz Philipp Frank, ein Bruder des vorigen, B. R. Dr. des Kollegiatstiftes zu u. l. F. zu Er-

Erfurt Kapitular, und des Kollegiatstiftes zum H. Peter zu Mainz Domizellar, des geistlichen Staatsrechtes öffentlicher ordentlicher Lehrer, ist zu Aschaffenburg den 29 Septembr. 1749 geboren. Die unteren Schulwissenschaften lernte er in seiner Vaterstadt theils bei den Jesuiten, theils bei einem ihm von seiner Mutter gegebenen Privatlehrer. Nach geendigten philosophischen Studien gieng er nach Mainz, studirte allda die Gottesgelehrtheit, und das kanonische Recht unter Schlör; ward auch nach zwoen aus der Gottesgelehrtheit gehaltenen Defension n doctoratus theologici candidatus. Inzwischen kam er 1772 in die Pflanzschule der jungen Geistlichen, wo er das Studium der Gottesgelehrtheit vollends endigte. Darauf hörte er noch einmal das kanonische Recht bei dem Hr. Professor Dürr, und das bürgerliche Recht bei Hr. Professor Will. Nachdem er mit diesen Gegenständen zu Ende war, gieng er nach Trier, wo er das geistliche Recht wieder bei dem berühmten Hr. Prof. Neller, das bürgerliche und peinliche Recht aber bei Hr. Pesgen; die Reichshistorie, das Staats- und Lehnrecht bei seinem Hr. Bruder Peter Anton Frank hörte. Nach seinem zweijährigen Aufenthalte zu Trier kehrte er nach Mainz zurücke, besuchte die Vorlesungen des Hr. Hofraths Dürr über das Staatsrecht und Kirchengeschichte, hörte auch seinen Hr. Bruder Johann Philipp, welcher dazumal als Professor der Gottesgelehrtheit die Einleitung zur Theologie nach seinem eigenen Sistem gegeben hatte. Im Jahr 1777 ward er Professor des geistlichen Rechts zu Erfurt, und erhielt deßhalben die Lektoralpräbende in dem dasigen Stifte zu u. l. F. Im J. 1778 ward ihm nebst andern die Einrichtung der Erfurter unteren

ren und mittleren Schulen übertragen, und im nämlichen Jahre den 18 Jul. ward er als Beisitzer des Sinodalexamens ernennt. 1781 ward er nach Mainz berufen, und als öffentlicher ordentlicher Lehrer des geistlichen Rechts angestellt; erhielt noch überdies die Stiftspfründe zum H. Peter in Mainz; worauf er endlich im Jahr 1783 eine gelehrte Reise machte, und mehrere protestantische Universitäten besuchte.

Wir kennen von ihm folgende Schriften.

1) Synopsis juris ecclesiastici publici et privati. *Erfordiae* 1779.

Mit dieser Schrift erhielt er die Doktorwürde.

2) De combinatione primatus Petri cum episcopatu uno in ecclesia. *Moguntiae* 1784.

Friderich Lorenz Langen, B. R. Dr., k. m. Hofgerichtsrath, Beisitzer der Juristenfakultät, ordentlicher Lehrer der praktischen Rechtsgelehrsamkeit, des hohen Domkapitels zu Mainz Küstenmeister, und der Präsenzkammer Assessor, auch Sindikus des adelichen Ritterstifts zum H. Ferruz in Bleidenstadt, und des Kollegiatstifts zum H. Peter in Mainz, ist den 10 August 1737 zu Herdringen im Herzogthume Westphalen geboren. Sein Vater Ferdinand Langen war kurfürstl. köllnischer Hofrath, und Rath auf der Kanzlei zu Arensberg, auch Konsulent der freiherrlichen Familie von Fürstenberg. Er studirte in sehr frühen Jahren zu Paderborn die unteren und mittleren Schulen. Zu Köln erhielt er die erste Vor-
berei-

bereitung zum Rechtsſtudium unter der freundſchaftlichen Leitung des Profeſſors und Stadtſindikus Hamm. Darauf ſetzte er daſſelbe auf der hohen Schule zu Mainz vier Jahre fort, und genoß vorzüglich des Unterrichts des würdigen Hofraths Neureuther, und des eben ſo verdienſtvollen Weihbiſchofs Behlen. Allda ward er im Jahr 1760 im zwei und zwanzigſten Jahre ſeines Alters Lizenziat, und B. R. Dr, des Univerſitätskonſiliums, und des kurf. Stadtgerichts Beiſitzer. Im J. 1769 außerordentlicher Lehrer der praktiſchen Rechtsgelehrſamkeit, und 1783 in dieſem Fache ordentlicher öffentlicher Lehrer. Von 1760 bis 1780 war die Advokatur ſo wohl an den mainziſchen und auswärtigen Gerichtsſtellen, als auch an den beiden höchſten Reichsgerichten ſeine Hauptbeſchäftigung.

1) Außer der Diſſertazion: de probatione per documenta archivalia, welche er 1760 vertheidigte, hat er

2) in Prozeßſachen mehrere praktiſche Ausführungen ohne Beiſetzung ſeines Namens zum Drucke geliefert; unter ſolchen muß ihm iene, welche Hr. Doktor Waldeck in ſeinen Deutſchlands literariſchen Annalen für 1778. Seite 287 und 288 anführt, und dem Hr. Hofrath und Prof. Hofmann zu Wetzlar zuſchreibt, zugeeignet werden.

3) Abhandlung von der Lehrart der praktiſchen Rechtsgelehrſamkeit, und der Zeitanwendung nach akademiſchen Jahren. Mainz 1784.

Franz

Franz Joseph Hartleben, B. R Dr., Hofpfalzgraf, k. m. Hof-und Regierungsrath, öffentlicher ordentlicher Lehrer der theoretischen bürgerlichen Rechtsgelehrsamkeit, Beisitzer der Juristenfakultät, der Stadt Mainz Sindikus, wie auch hochgräflich Schönbornischer Rechtskonsulent, ist den 23 Sept. 1740 zu Düsseldorf in der Pfalz, wo sein Vater als kurpfälzischer Hauptmann damals wohnte, geboren. Weil seine beide Aeltern ihm frühzeitig vom Tode entrissen worden sind: so ward seine Erziehung vom Kurfürsten von der Pfalz der Aufsicht eines Jesuiten in Mannheim anvertrauet, wo er auch den ersten wissenschaftlichen Unterricht erhielt. Die Weltweisheit lernte er zu Wirzburg, Mainz und Heidelberg; am letzten Orte widmete er sich auch der Rechtsgelehrtheit, und repetirte zugleich anderen mehrere Jahre hindurch die Philosophie, und dann die Rechtswissenschaft, und vertheidigte in dieser Eigenschaft daselbst 1766 unter dem Vorsitze des heidelberger Rechtslehrers, und Regierungsraths Hr. Müller die Streitschrift: de causa juramento voluntario decisa ob perjurium formale retractanda. Einige Zeit darauf kam er nach Mannheim, und hielt etliche Jahre daselbst Vorlesungen über alle Theile der Rechtsgelehrtheit. Demnächst besuchte er verschiedene protestantische Universitäten, als Giesen, Jena, Halle, Marburg, und genoß daselbst die Freundschaft und das Zutrauen des Kanzlers Estor. Von Marburg kam er nach Mainz, allwo er noch das nämliche Jahr den 31 August 1769 B.-R. Lizenziat, an allen Gerichtshöfen Advokat, und bald darauf Doktor geworden. Hierauf fieng er Privatvorlesungen über die meisten Theile der Rechtsgelehrsamkeit zu halten an, womit er immer zum besfern Vortheile, und Aufmunterung seiner Zuhörer collegia examinatoria und disputatoria verbunden hat. Den 29 Jänner 1772 ward er als Sindikus der Stadt Mainz ernennt, und den 22 Jun. 1774 bekam er von dem mainzer hohen Domkapitel während der Zwischenregierung die Würde eines k. m. Hof- und Regierungsraths. Im Jahr 1779 den 19 November, ward ihm das Dekret als außerordentliche öffentlicher Lehrer der Rechte ertheilet; während dieser Zeit machte er verschiedene gelehrte Reisen, wobei er die Universitäten Köln, Tübingen, Stuttgard, und bei einer Reise durch Frankreich Straßburg und noch andere kennen lernte.

Wir kennen von ihm folgende Schriften:

1) Decisiones quarundam controversiarum juris cum rationibus dubitandi et decidendi. *Moguntiae* 1769, womit er Lizenziat ward.

2) Aktenmäßiger gründlicher Unterricht über den bei dem höchstpreißl. kais. Reichshofrathe zwischen dem Lyoner Negozianten Claude Bourne Appellanten, und dem Handelsmann zu Frankfurt Georg Lorenz Platz Appellaten obschwebenden Rechtsstreit zum Beweise des Abseiten des Handelsmanns Platz offenbaren Unfugs zur öffentlichen Beurtheilung vorgelegt, und zum Drucke befördert, mit Beilagen unter Zahl I. bis VII. 1776.

Die in dieser Deduktion von Hr. Hofrath ausgeführte Grundsätze sind jüngsthin bei dem kais. höchstpreißl. Reichshofrathe durch ein obsiegendes Urtheil bestättigt worden.

3) **Ausführlicher** Unterricht von dem in Sachen des Negocianten von Lyon Claude Bourne Appellanten gegen den Handelsmann zu Frankfurt Jo. Wilhelm Küchler Appellaten bei kais. höchstpreißl. Reichshofrathe hangenden Rechtsstreite nebst standhafter Widerlegung der von Küchler zum Drucke beförderten aktenmäßigen Betrachtung ꝛc. 1777. 128. Seit. in Fol. und 14. S. Beilag.

4) Meditationes ad pandectas, quibus celeber. *August. à Leyser* meditationes variis in capitibus refelluntur, contra impugnatores recentiores vindicantur, et ita supplentur, ut novum omnino opus refultet. *Volum I. Pars I. Francofurti ad Moenum* 1778. 4.

5) *Earundem Voluminis I Pars II. ibid.* 1779.

6) Thesaurus dissertationum juridicarum selectissimarum in academia Moguntina habitarum. *Volum. I. Pars I. Francofurti ad Moenum* 1778.

7) Ejusdem Thesauri *Volum. I. Pars II. ibid.* 1779.

8) Verschiedene anonimische Aufsätze.

9) Institutionum Justinianearum Lib. I. *Francofurti* 1779.

10) Responsum juris in Sachen Andreä zu Frankfurt contra Andreä daselbst.

11) Responsum juris in Sachen der verwittibten Frau von Ofenschlager geborne von Wiesenhütten zu Frankfurt contra Georg Niklas Keßler daselbst. Frankfurt 1779.

12) Successio romana et hodierna ordine systematico per tabulas delineata. *Moguntiae* 1783.

13) *Diss. canon.* de praebendis, quatenus liberae dantur. *ibid.* 1784. Hiebei hatte Hr. Hofrath Harrleben nur den Vorsitz.

14) Jurisdictio Moguntina civilis ordinaria synoptice delineata. *Mog.* 1784.

Johann Richard Roth, B. R. Dr., k. m. Hofgerichtsrath, und des Territorialstaatsrechts öffentlicher ordentlicher Lehrer, geboren zu Mainz den 27 May 1749, studirte die unteren Schulen und Philosophie zu Mainz, wo er in dem J. 1767 Magister der Philosophie und demnächst Jesuit ward. Nach dem in dem J. 1773 aufgehobenen Orden lernte er die Rechtswissenschaft zu Mainz und zu Göttingen. Besuchte demnächst die Universitäten zu Heidelberg, Wirzburg, Giesen und Marburg, hielt sich eine zeitlang zu Wezlar am Reichskammergerichte, zu Nanzy, zu Strasburg und in den Niederlanden auf. Den 23 März 1779 ward er zu Mainz der B. R. Lizenziat, und erhielt eben daselbst noch in dem nämlichen Jahre den 22 Dezembr. eine außerordentliche Professur der Rechte. Im J. 1780 ward er der B. R. Dr., und den 18 Novembr. 1782 erhielt er de ordentliche Professur des Lehen- und gemeinen Territori:lstaatsrechts.

Seine Schriften sind folgende:

1) Novae vindiciae directorii in comitiis capitulo metropolitano moguntino sede archiepiscopali moguntina vacante competentis. *Moguntiae* 1779. 4. Unter dem Vorsitze des Hr. Hofraths Dürr.

2) Entwurf zu einem besondern Vorlesungsbuche über das Territorialstaatsrecht gesamter deutschen Reichsstände. Mainz 1780. 8.

Hievon findet man eine Rezension in des Hr. Prof. Schnauberts neuesten jurist. Bibl. XIV Stuck vom J. 1783. S. 233, und in der allg. jurist. Bibl. II. B. I. Heft. S. 29.

3) Rechtliche Staatsbetrachtungen über die Frage: ob die in dem fürstlich hessischen Gebiete gelegenen Güter und Einkünfte der von dem Kurfürsten zu Mainz im verflossenen Jahre 1781 aufgehobenen drei Klöster dem Kurfürsten von Mainz oder dem Landgrafen von Hessen von Reichsrechtswegen zugefallen sind? verfasset zur Erläuterung des 5. Artikels des westphälischen Friedens. Offenbach am Main 1783. 8.

Eine Rezension davon kömmt nebst andern vor in den göttingischen Anzeigen von gelehrten Sachen 45 Stuck. S. 442 vom J. 1783.

4) Vertheidigung der rechtlichen Staatsbetrachtungen über die Frage: ob die in dem fürstlich-hessischen Gebiete gelegenen Güter dem Kurfürsten von Mainz, oder dem Landgrafen von Hessen zuständig sind, wider Hr. geh. Raths und Kanzlers Koch in Giesen a) kurze Revision, b) neuen Auf=

Aufschluß, c) erstes Postskript, und Hr. Dr. Schnauberts sogenannte Widerlegung. Frankfurt und Leipzig 1783. 8.

5) Von dem Grundsatze, nach welchem das Verhältniß unmittelbarer reichsadelicher Einwohner reichsständischer Lande gegen reichsständische Landesherrn zu bemessen ist. Mainz 1784. 8.

Franz Joseph Bodmann, B. R. Dr., k. m.

Hofgerichtsrath, des deutschen Privatrechtes öffentlicher Lehrer, ist zu Auerach in Franken den 3 May 1754 geboren. Sein Vater ist Philipp Ferdinand Bodmann, Landvogt zu Trimperg in Franken. Die ersten erfoderlichen Schulwissenschaften erlernte er anfänglich unter Hauslehrern, hernach in den öffentlichen Schulen zu Bamberg und Wirzburg. Die Weltweißheit studirte er zu Fuld, und dann zu Wirzburg unter Anführung der Professoren Sündermahler und Riefel dermaligen Reichshofraths die Rechtsgelehrsamkeit. Im J. 1774 kam er auf die Universität zu Göttingen, wo er sich in Zeit von 3 Jahren noch fernere Kenntnisse in der Weltweißheit und in den Rechten, und den damit verbundenen Wissenschaften unter Anführung des Böhmers, Pütters, Selchows, Beckmanns, Meisters, Schlözers, Heine, Gatterers, Feders und Hellmanns erwarb. Im J. 1778 kehrte er nach Wirzburg zurück, und ließ sich allda den gradum licentiae ertheilen; hierauf gieng er ein halbes Jahr nach Wien, und ein halbes Jahr nach Wetzlar, um sich mit dem Reichshofraths- und

Reichskammergerichtsprozesse bekannt zu machen. Demnach wurde er, als er so eben seiner Beförderung in den östreichischen Staaten nahe war, den 5. Jul. 1780 als außerordentlicher Lehrer der Rechte nach Mainz berufen, woselbst er sich auch den 19. August desselben Jahrs die Doktorwürde ertheilen ließ. Den 4. Oktobr. 1783 ward er als ordentlicher Lehrer des deutschen Privatrechtes, und Beisitzer der Juristenfakultät ernennt.

Schriften kennen wir folgende von ihm:

1) *Diss. crit.* de literarum obligatione Theophili. visiones legitimae. *Herbipoli* 1778 in 4. Unter dem Vorsitze des Hr. Professors *Endres*. Mit dieser Abhandlung erhielt er die Lizenziatenwürde.

2) *Diss.* de jure foeminarum illustrium adspirandi ad substantiam patris, fratrisve allodialem privat. neo adquisitam. *ibid.* 1780. 4.

3) Wahrer Ursprung der Gemeinschaft der Güter unter den deutschen Eheleuten, zur Erläuterung Westhusens Grundsätze hievon. Frankfurt 1784. 4.

4) Abhandlung von der Ouvernacht, als einer Exekutivprozeßart der Deutschen im mittleren Jahrhunderte. S. in Siebenkees neu. jur. Magazin. Th. 1.

5) Abhandlung von der Strafe des Ausbleibens bei den deutschen Gerichten im mittlern Jahrhunderte. Ebendaselbst.

6)

6) Abhandlung vom Henkerlehn, feudo supplicii. Ebendaselbst.

7) Abhandlung von den Staffel-und Laubengerichten der Deutschen. Ebendaselbst.

8) *Diss.* de arduo inter testamentum principis S. R. I. publicum et privatum discrimine, vulgo von dem Unterschiede zwischen Staats-und Privattestamenten regierender Reichsfürsten. *Moguntiae* 1784. 4.

9) Abhandlung von dem Ausburgerrechte der deutschen Stifter und Klöster ꝛc. in Siebenkees a. a. O. Th. *II.*

10) Abhandlung vom Bannwein und Weinbann. Ebendaselbst

11) Abhandlung von dem verschiedenen Verhältnisse der Vorstädte zu den Hauptstädten in Deutschland ꝛc. Ebendaselbst.

12) Von dem Ursprunge der Marken, Märkerschaften und Gereyden, und deren alleinigen rechtl. Bestimmungsgrund aus der Natur der deutschen Gütergemeinschaft ꝛc. Ebendaselbst.

Philipp Waldmann, B. R. Dr., f. m. Hofgerichtsrath, und öffentlicher ordentlicher Lehrer der Instituzionen, der Geschichte der Rechte, und des peinlichen Rechts, ist den 2 März 1753 zu Bürrstadt an der Bergstrasse kurf. mainz. Oberamts Starkenburg,

burg, woselbst seine Eltern von ihrem eigenen Güterbaue leben, gebürtig. Den ersten wissenschaftlichen Unterricht empfieng er in seinem Geburtsorte; die unteren Schulwissenschaften trieb er bei den Jesuiten zu Wirzburg und Heidelberg; am letzten Orte studirte er unter der freundschaftlichen Leitung des verdienstvollen Hr. Professors Schwab die Weltweisheit, worin er auch im Jahr 1770 die Doktorwürde annahm. Nach geendigtem philosophischen Kurse gieng er nach Mainz, widmete sich der Gottesgelehrtheit, und unerachtet er schon durch die abgelegte gewöhnliche Prüfung unter die Zöglinge der geistlichen Pflanzschule angenommen war; so schlug er doch diesen Beruf aus, und wandt sich zu seiner Lieblingswissenschaft der Rechtsgelehrtheit, welche er dann auch unter Anführung der ihm verehrungswürdigsten Herrn Professoren Dürr, Hartleben, Will, Fischer, Reineck und Ungleich erlernte. Im vierten Jahre seines juridischen Studiums fieng er an, den daselbst Studirenden das bürgerliche Recht zu repetiren; und dann auch Privatvorlesungen über das peinliche Recht nach Anleitung der Kochischen Instituzionen *juris criminalis* zu halten. Den 15. Jul. 1781 ließ er sich die Lizenziatenwürde ertheilen, und den 12. Novemb. 1782 erhielt er die ordentliche Professur der Instituzionen, der Geschichte der Rechte, und des peinlichen Rechts. Im J. 1784 den 17 Novembr. ward er B. R. Doktor, wobei er die Frage: Quaenam sint origines universitatum et facultatum in Germania; beantwortete.

Von ihm sind folgende Schriften.

1)

1) *Dissert. inaug.* de jure regrediendi collateralium in emphyteusin divisam. *Mogunt.* 1781. Unter dem Vorsitze des Hr. Professors Schlör.

2) Biographische Nachrichten von den Rechtslehrern auf der hohen Schule zu Mainz im achtzehnten Jahrhunderte. Mainz 1784.

Johann Anzmann, B. R. Dr., k. m. Hofgerichtsrath, und öffentlicher außerordentlicher Lehrer der Rechte, ist geboren zu Mainz den 24 Jun. 1753, woselbst sein Vater k. m. Zöller gewesen. Die unteren Schulwissenschaften erlernte er theils in seiner Vaterstadt, theils zu Heidelberg; die Philosophie bei den Jesuiten zu Mainz, wo er auch Doktor der Weltweißheit geworden. Die Rechtswissenschaften studirte er ebenfalls in Mainz unter den Herrn Professoren Dürr, Will, Hartleben und Reineck. Den 12 März 1782 ließ er sich die Lizenziaten= und den 30 August des nämlichen Jahrs die Doktorwürde, wobei er die Frage: an expediat, principem constituere, ut ad officia publica, quibus juris justitiaeque administratio demandata est, non promoveantur alii, nisi qui gradum doctoralem vel licentiae obtinuere; beantwortete, ertheilen. Darauf machte er eine gelehrte Reise, wobei er Wetzlar, und die Universitäten Giesen, Marburg, Göttingen, Leipzig, Halle, Jena, Tübingen, Stuttgard und Köln besuchte. Nach seiner Zurückkunft erhielt er den 24 Oktobr. 1783 das Dekret als außerordentlicher Lehrer der Rechte.

Von seinen Schriften ist zur Zeit keine, als folgende unter dem Vorsitze des Hr. Prof. Schlör gehaltene

Diss. inaug. .vindiciae veritatis, fidejussorem obtento à debitore principali rescripto moratorio à creditore conveniri haud posse. *Moguntiae* 1782, bekannt.

Christoph Ignaz Wiese, B. R. Dr., k.

m. Hofgerichtsrath, öffentlicher außerordentlicher Lehrer der Rechte ward zu Eltvill im Rheingau bei Mainz, wo sein Vater Kaufmann und Weinhändler ist, den 19ten April 1755 geboren. Die niederen Klassen studirte er zu Mainz, die Weltweißheit eben daselbst und zu Heidelberg, wo er auch im J. 1774 die Doktorwürde in der Weltweißheit annahm. Nach geendigtem philosophischen Kurse kehrte er nach Mainz zurück, und erlernte unter den Hr. Professoren Dürr, Will und Hartleben die Rechtsgelehrtheit. Im J. 1782 den 10 Sept. ward er B.R. Lizenziat. Demnächst gieng er nach Wetzlar, um sich mit der reichskammergerichtspraxis bekannt zu machen; wornach er die Universitäten Giesen, Marburg, Göttingen, Jena, Erfurt, Bamberg, Erlangen, und Wirzburg besuchte. Hierauf kam er nach Mainz zurück, und erhielt 1783 den 25 Oktober eine außerordentliche Professur der Rechte, und den 17 November 1784 die Doktorwürde, wobei er die Frage: An Pontifici, an Imperatori competat jus constituendi academias in Germania; auflöste.

Von ihm sind zur Zeit folgende Schriften herausgekommen.

1) *Diff. inaug.* vindiciae legitimorum natalium, liberorum è matrimoniis S. R. I. princ..um, comitumve auguſtanae confeſſioni addictorum, ſolo mutuo conſenſu matrimoniali, neglecta omni ſolemnitate eccleſiaſtica contractis natorum. *Moguntiae* 1782. Unter dem Vorſitze des Hr. Profeſſors Schlör.

2) *Program.* quo Teſtamentum coram ſatrapa et ſatrapiae ſcriba conditum jure ſtatutario Moguntino validum eſſe demonſtrat, ſimulque ad praelectiones ſuas invitat. *ibid.* 1784.